Ernst Leistner

Kaiser Josefs 2.

unvergessliche Gedanken, Aussprüche und Bestrebungen in seinen eigenen Worten

Ernst Leistner

Kaiser Josefs 2.
unvergessliche Gedanken, Aussprüche und Bestrebungen in seinen eigenen Worten

ISBN/EAN: 9783743656161

Hergestellt in Europa, USA, Kanada, Australien, Japan

Cover: Foto ©ninafisch / pixelio.de

Weitere Bücher finden Sie auf **www.hansebooks.com**

Kaiser Josefs II.

unvergeßliche Gedanken, Aussprüche und Bestrebungen

in seinen eigenen Worten.

—·—

Kaiser Josefs II.

unvergeßliche Gedanken, Aussprüche und Bestrebungen

in seinen eigenen Worten.

Herausgegeben
von
Ernst Leistner.

Wien. Pest. Leipzig.
A. Hartleben's Verlag.
1878.
Alle Rechte vorbehalten.

Buchdruckerei Steyrermühl, Wien.

Dem geklärten Geiste

des

Neunzehnten Jahrhunderts

gewidmet.

Kaiser Josef II.

in seinen eigenen Worten.

I.

Josef als Kaiser und Selbstherrscher.

„Der Staat hat mich nicht zum Kaiser gemacht, damit ich meines Leibes pflege und an mein Wohlergehen denke, sondern damit ich für ihn arbeite und seinem Wohlergehen jede Stunde meines Lebens weihe. Ich bin nur der erste Beamte meines Staates, und wenn ich nicht mehr die Kraft habe, meine Schuldigkeit zu thun, so muß ich mich pensioniren lassen und in ein Kloster gehen wie Karl V."

(Hü.)

„Ist es nicht Unsinn, zu glauben, daß die Obrigkeiten das Land besaßen, bevor noch Unterthanen waren, und daß sie das Ihrige unter gewissen Bedingungen an die letzteren abgetreten haben? Mußten sie nicht auf der Stelle vor Hunger davonlaufen, wenn niemand den Grund bearbeitete? Ebenso absurd wäre es, wenn sich ein Landesfürst einbildete, das Land gehöre ihm und nicht er dem Lande; Millionen Menschen seien für ihn und nicht er für sie gemacht, um ihnen zu dienen. Gleichwie aber die Bedürfnisse des Staates gedeckt sein müssen, so können solche nicht übertrieben werden, sondern der Landesfürst in einem monarchischen Reiche hat über deren Verwendung nach seiner Ehre, nach Gewissen und Pflichten dem Allgemeinen Rede und Antwort zu geben."

(„Zum Entwurf einer allgemeinen Steuerregulirung, 1785.)

„Wie kann man denn hoffen, seinem Volk ein guter und brauchbarer Herrscher zu werden, wenn man nicht einmal das kennt, was das Volk besitzt, und darnach ermessen kann, was ihm fehlt? Es ist Ihre Pflicht, Sire! alles zu kennen und zu prüfen, nicht das allein, was in Paris existirt, sondern Sie müßten Frankreich alle Jahr durchreisen, in jeder der großen Städte einige Tage residiren und genaue Kenntnisse sammeln von den Wünschen und Bedürfnissen jeder Provinz und jeder Stadt."

(Zu König Ludwig XVI., 1777 in Paris.)

„Ich habe die Philosophie zur Gesetzgeberin meines Reiches gemacht."

(Oktober 1781.)

(Der „philosophische" König, Friedrich II., sagt entgegengesetzt: „Wenn ich eine Provinz recht empfindlich strafen wollte, ließe ich sie durch einen Philosophen regieren.")

(Br.)

„Ich strebe nicht nach Popularität und liebäugle nicht um den Beifall des Volkes, sondern ich erlaube mir nur, ganz einfach so zu sein und zu leben, wie es meinen Neigungen angemessen ist. Ich bin ganz natürlich, und ich trage die Ueberzeugung im Herzen, daß der natürliche Zustand nicht der eines Kaisers oder Königs, sondern der eines Menschen ist. Nach dieser Ueberzeugung handle ich."

(Paris 1777.) (Rsb.)

„In einem Reiche, das ich regiere, muß, nach meinen Grundsätzen beherrscht, Vorurtheil, Fanatismus, Parteilichkeit und Sklaverei unterdrückt und jeder meiner Unterthanen in den Genuß seiner angebornen Freiheiten eingesetzt werden."

(Februar 1781.) (Br.)

„Mein größtes Glück wäre: freien Männern zu gebieten.

(Pg.)

„Ich bin einem jeden ohne Unterschied der Person und des Ranges Gerechtigkeit schuldig."

(1770.)

„Nach einem solchen Beinamen geize ich; es gibt keinen schöneren, als Vater seines Volkes zu heißen!"

1*

— sprach Josef aus, als er 1777 vor dem Standbild Heinrich's IV. auf der neuen Brücke zu Paris lange mit entblößtem Haupte gestanden.

„Man muß aufrichtig am Hofe, streng im Felde, ein Stoiker ohne Härte und großmüthig ohne Schwäche sein und sich durch gerechte Handlungen die Achtung seiner Feinde erwerben; — das sind meine Gesinnungen."

(Dezember 1787.) (Br.)

„Wenn es einstens Neronen und einen Dionys gab, der über die Schranken seiner Macht hinausging, wenn Tirannen gewesen, die einen Mißbrauch von der Gewalt gemacht, die ihnen das Schicksal in die Hände gab, ist es darum billig, daß man, unter dem Vorwand von Besorgnissen, die Rechte einer Nation für die Zukunft zu bewahren, einem Fürsten alle möglichen Hindernisse in seinen Regierungsanstalten in den Weg legt, die nichts anders als das Wohl und das Beste seiner Unterthanen zum Endzweck haben?"

(An einen Freund, Oktober 1787.) (Br.)

„Wenn in vorigen Zeiten der Wille des Monarchen Anlaß zu Ungerechtigkeiten war, wenn die Schranken ausübender Gewalt überschritten worden und der Privathaß

seine Rolle gespielt, so kann ich nichts mehr thun, als daß ich
die Könige bedauere, die weiter nichts als Könige gewesen."

(An van Swieten, Dezember 1787.) (Br.)

„Ein Vortheil, den Privatleute über Fürsten haben,
besteht darin, daß ihre Pflicht im allgemeinen so klar er=
scheint, daß sie sich nicht irren können, und die Linie so
bestimmt vorgeschrieben ist, daß sie derselben folgen können,
wenn sie wollen. Ganz anders ist der Fall mit uns. Wir
befinden uns oft in Lagen, wo wir gar viele Dinge in Be=
tracht ziehen müssen, wo eine Menge verschiedener, wichtiger,
dringender, scheinbar widersprechender Pflichten hervortreten,
welche zu vereinigen sehr schwer ist. In solchen Fällen, in
der Mitte solcher Verlegenheiten bleibt es schwer, wo nicht
unmöglich, eine Bestimmung zu treffen, die keinem Einwande
unterläge, oder einen Entschluß zu fassen, der auch nur dem
eigenen Gemüthe des Beschließenden ganz genügte."

(Ueber die Theilung Polens.) (Rau.)

„Ich habe seit dem Antritt meiner Regierung mir
jederzeit angelegen sein lassen, die Vorurtheile gegen meinen
Stand zu besiegen, mir Mühe gegeben, das Zutrauen meiner
Völker zu gewinnen; und seit ich den Thron bestiegen, habe
ich mehrmals Beweise davon abgelegt, daß das Wohl meiner
Unterthanen meine Leidenschaft sei; daß ich zur Befriedigung
derselben keine Arbeit, keine Mühe und selbst keine Qualen
scheue, und daß ich genau die Mittel überlege, die mich den

Absichten näher bringen, die ich mir vorgesetzt habe, und demungeachtet finde ich in den Reformen allenthalben Widersetzlichkeiten von solchen, von welchen ich es am wenigsten vermuthen konnte."

(1788.) (Br.)

„Als Monarch verdiene ich das Mißtrauen meiner Unterthanen nicht; als Regent muß ich den ganzen Umfang meines Staates vor Augen haben, den ich mit einem Blick umfasse, und kann auf die separaten Stimmen einzelner Provinzen, die nur ihren engen Kreis betrachten, nicht allzeit Rücksicht nehmen. — Das Privat-Beste ist eine Chimäre, und indem ich auf einer Seite verliere, um meinem Vaterlande damit ein Opfer zu bringen, kann ich auf der anderen Seite an dem allgemeinen Wohl Antheil nehmen."

(An einen Freund, Oktober 1787.) (Br.)

„Wenn ich unbekannt mit den Pflichten meines Standes, wenn ich nicht moralisch davon überzeugt wäre, daß ich von der Vorsehung dazu bestimmt sei, mein Diadem mit all der Last der Verbindlichkeiten zu tragen, die mir damit auferlegt worden, so müßte Mißvergnügen, Unzufriedenheit mit dem Los meiner Tage und der Wunsch, nicht zu sein, diejenige meiner Empfindungen sein, die sich unwillkürlich meinem Geist darstellte. Ich kenne aber mein Herz; ich bin von der Redlichkeit meiner Absichten in meinem Innersten überzeugt und hoffe, daß, wenn ich einstens nicht mehr bin, die Nachwelt billiger, gerechter und unparteiischer dasjenige untersuchen und prüfen, auch beurtheilen wird, was ich für mein Volk gethan."

(An einen Freund, Oktober 1787.) (Br.)

„Ich habe glücklicherweise weder Weib noch irgendwelchen anderen Anhang, bin mithin frei, ohne Sorgen noch Unruhe; ich kann den Pflichten obliegen, welche ich zu erfüllen habe. Die Liebe zum Vaterlande, das Beste der Monarchie, das ist in Wahrheit die einzige Leidenschaft, welche mich beseelt und welche mich alles unternehmen macht. Ich habe mich so mit derselben verbunden, daß meine Seele nicht ruhig sein kann, noch mein Körper sich wohl befinden, wenn ich nicht von seinem Besten und von der Güte der Maßregeln, welche wir ergriffen, überzeugt sein kann. Nichts erscheint mir klein oder geringfügig in dieser bedeutenden Sache, jeder Theil interessirt mich gleichmäßig; ich bin nicht mehr für das Militärwesen als für die Finanzen eingenommen."

(An Leopold II., Juli 1768.) (Br.)

„Das Geschäft zu regieren ist schwerer, als man sich vorstellt: Man kann nicht aller Welt genugthun, und stets gibt es Unzufriedene; man muß sich mit seinen Pflichten beschäftigen, die ohne Zahl sind, und oft, wenn man sie zu erfüllen geglaubt hat, sieht man, daß man sich getäuscht. Man ist des ersten Glücks des Lebens beraubt, dessen: Freunde zu haben. Ich habe mich indessen in dieser Beziehung nicht zu beklagen. Ich habe eine Mutter, welcher ich alles schulde; sie hat sich mit nichts beschäftigt als dem Wohl ihrer Unterthanen und der Erziehung ihrer Kinder. Sie ist eine Frau voller Geist, Weisheit und Tugend; ich kenne an ihr keinen anderen Fehler als den, nicht genug auf sich selbst zu rechnen."

(Paris, 1777.)

„Leben Sie zufrieden als ein Weiser, genießen Sie alle Reize Ihres Privatstandes und beneiden Sie ja das Glück der Könige nicht."

(Mai 1779, nach dem Frieden des bairischen Erbfolgekrieges zu Teschen, womit Josef höchst unzufrieden war.) (Br.)

„In der großen Ordnung der Dinge ist das Herrschen ein Amt und Handwerk. So wie mich die Vorsehung zu diesem Berufe bestimmte, mußte sie mir auch die dazu nöthigen Eigenschaften geben. Ein Herrscher braucht nur hilfreiche Arme; diese aber recht anzuwenden und zu leiten, muß Sache seines Kopfes sein."

(Josef folgte sehr gern nur seinen eigenen Ansichten und betrachtete die, welche seine Rathgeber hätten sein können, mehr nur als seine Werkzeuge.) (Br.)

„Es ist schwer, immer Personen zu finden, die das Wesentliche von der Sache ins rechte Licht zu stellen wissen, und die die Geschicklichkeit und Geduld haben, die Wahrheit bis zur Ueberzeugung einleuchtend darzustellen. Unterdessen will sich jeder das Ansehen geben, als habe er etwas entdeckt, indem er die Sache nach seinem Gesichtspunkt beurtheilt und damit endigt, daß er falsche Berichte macht, die zum Irrthum verleiten. — Es ist noch besser, weniger zu wissen, als sich einer Menge Personen bedienen, die die Sache mehr zu verwirren als aufzuklären im Stande sind."

(An d'Alton, Mai 1789.) (Br.)

„So wie ich nichts eifriger wünsche als die Wohlfahrt der meiner Regierung anvertrauten Völker, so wird jener Weg zu diesem Ziele mir der angenehmste sein, den die Uebereinstimmung der Nation als den sichersten anpreist."

(1790, an die Ungarn, bei Zurückgabe der alten Verfassung bis 1780.)

„Die Regenten fliehen die Wahrheit, und ich suche sie festzuhalten."

(Lav.

„Jede Erinnerung, von wem sie kommt, von einem Mitgliede, Fremden, Genannten oder Ungenannten, auf-

welche Weise sie gemacht werde, mündlich oder schriftlich, im geheim oder durch den Druck im Angesicht aller Welt, wird willkommen sein, wird mit Erkenntlichkeit angenommen werden; und man hofft, durch die Gelehrigkeit für nutzbare Bemerkungen und Vorschläge das Publikum zu überführen, daß man nichts so sehnlich wünscht, als dem Institute (der Armenpflege) mit der Zeit diejenige Vollkommenheit zu geben, deren es fähig und die es, wenn je eine öffentliche Anstalt es war, zu erhalten würdig ist."

(1. August 1783.) (C. j.)

„Schätzbare Wahrheiten habe ich von den Chefs, sowie von jederman immer mit Vergnügen aufgenommen. Täglich und stündlich war ihnen meine Thür offen, theils um ihre Vorstellungen anzuhören, theils ihre Zweifel aufzuklären."

(Sogen. kaiserlicher Hirtenbrief, Ende 1783.)

„Jede Vorstellung, die man mir macht, es sei um die einzelne Glückseligkeit des Menschen oder die Gerechtsame einer ganzen Nation, muß mir durch unwidersprechende Beweise aus der Vernunft dargethan werden, wenn sie mich zur Abänderung einer bereits getroffenen Entschließung bringen sollte."

(An die Ungarn, 1784.)

„In dem Laufe des menschlichen Lebens, wenn man solches beobachtet, sieht man gar zu oft, daß nach Verbessern und nach Vervollkommnen streben das Gute und Nutzbare, so man hatte, verschwinden macht."

(Br.)

„Einer seiner Räthe stellte einst dem Kaiser vor, daß es im Publikum allgemeine Beschwerde sei, daß er in seinen Entschlüssen, besonders inbetreff von Bestrafungen, etwas zu eilfertig wäre. Josef antwortete: „Ich erinnere mich keines Falles, wo ich mich dessen schuldig gemacht hätte, wol aber erinnere ich mich mehrerer, wo ich mich mit Belohnungen übereilt habe." Etwas betroffen entgegnete der Rath: Ew. Maj. hatten doch schon mehrmals selbst wieder Ihre Verordnungen widerrufen, welches Allerhöchstderselben eben nicht zur höchsten Ehre angerechnet worden ist. — Josef erwiderte darauf: „Es mußte mir doch immer einleuchtend gewesen sein, daß ich mich vorher geirrt habe, und dann mußte es mir auch immer zur größeren Ehre gereicht haben, daß ich es widerrufen habe, als wenn ich es bei meinem Irrthum hätte bewenden lassen. Zudem dient jedes Widerrufen eines Monarchen seinen Unterthanen zum Beispiele, daß er nicht vergessen hat, sich auch als einen fehlenden Menschen zu erkennen. Und dies kann ihm nie zur Unehre gereichen."

(Sch.)

„Ich bin überzeugt, daß Redlichkeit die weiseste und gesündeste Staatskunst ist. Denn obwol man dadurch einige scheinbare Vortheile des Augenblicks einbüßen mag, welche weniger gewissenhafte Menschen ergreifen dürften, so bleibt man doch zuletzt immerdar im Gewinn."

(Rau.)

„Wenn man verkehrte Begriffe und Vorliebe für Personen und nicht blos für das Geschäft und für das allgemeine Wohl hat, so werden ganz natürliche Sachen verunstaltet und das Nutzbare für unmöglich erklärt."

(Br.)

„Virtute et exemplo!" (Durch Manneskraft und Beispiel) — der Wahlspruch Josef's.

„Das ist, so scheint mir, das wahre und einzige Mittel, die Monarchie zu vertheidigen und ihr einen langen Frieden zu sichern, daß man immer an den Krieg denkt."

(An Maria Theresia, 3. April 1761.)

„Es koste, was es wolle, wenn nur Menschenblut geschont wird."

(Cor.)

„Ich habe weder Ursache noch Lust zum Kriege, sondern ich suche meinen Ruhm blos in der Beförderung des Wohlstandes meiner Unterthanen."

(1781.) (Bn.)

„Ein klarer und richtiger Steuerfuß ist eines Landes größtes Glück; durch ihn sammelt man auf die billigste und wohlfeilste Art den Bedarf des Staates, und so kann man Gutes stiften."

„Jeder soll nur in so weit belegt werden (mit Steuern), als es die unumgängliche Nothwendigkeit der Sicherheit, die Verwaltung der Gerechtigkeit, die innerliche Ordnung und mehrere Aufnahme des ganzen Staatskörpers fordert. — Jeder Bürger trägt nicht für den Ueberfluß, sondern nur für das Bedürfniß des Staates bei."

(Sogen. kaiserlicher Hirtenbrief, Ende 1783.)

„Als Grundregeln bei Bestimmung einer Steuer schrieb der Kaiser Februar 1782 vor: „Daß nicht mehr erziert, als das Surrogatum für die Finanzen und Landesstelle bedarf; daß die Perzeptionsart so simpel, so leicht als möglich und an den Regiekosten die größte Ersparniß gesucht werde; daß die Plackereien, besonders bei den Visitationen der Häuser, möglichst vermieden werden; daß die Vermöglicheren am mehrsten belegt und der ärmste Theil, besonders der Produzent, verschont bleibe."

„Der Landmann, welcher die größten der allgemeinen Bedürfnisse zu tragen verbunden ist, hat auch ein vorzügliches Recht auf den Schutz seines Königs."

(Juni 1783.)

„Gott soll mich behüten, daß ich nicht das Erbtheil der Armen und die Gelder, die zur Gottesverehrung bestimmt sind, antaste! Wenn man meiner Person das, was des Kaisers ist, gibt, so muß ich ohne Zweifel Gott geben, was Gottes ist."

(Car.)

„Was der Allgemeinheit eines Staates oder der Mehrzahl der Menschen wohlthut, nur dies ist wahrhaft gut; um so viel mal die Zahl der Landleute jene aller übrigen Stände übertrifft, um so viel mal mehr muß der gerechte Fürst jene hilflosen, durch Unwissenheit armen, durch Armuth furchtsamen, durch Furchtsamkeit mißhandelten Geschöpfe gesetzlich schirmen und decken."

(Zur Aufhebung der Leibeigenschaft in Böhmen, Mähren und Schlesien, 1. November 1781.) (Schn.)

„Von allem, was ich unternehme, will ich auch gleich die Wirkung empfinden. Als ich den Prater und Augarten zurichten ließ, nahm ich keine jungen Sprossen, die erst der Nachwelt dienen mögen; nein, ich wählte gleich Bäume, unter deren Schatten ich und mein Mitmensch Vergnügen und Vortheil finden können."

(Pz.)

„Der Fürst soll nicht einzelne mit Vorliebe, sondern die Gesammtheit mit Gleichheit bedenken."

„Meine Wächter sind meine Unterthanen; auf ihrer Liebe beruht meine ganze Sicherheit."

(Zu Namur 1781, als er die ihm von der Stadt gestellten Wachen zurückschickte.) (Bn.)

„Außer meiner Seelenkraft bedarf ich keiner Sicherheit, und nur das allgemeine Beste habe ich unausweichlich zum alleinigen Ziele."

„Ich wollte wünschen, daß Sie in das Innerste meines Herzens sehen könnten; Sie würden finden, wie wehe es mir thut, daß ich nicht jederman glücklich machen kann. Seien Sie versichert, daß ich aus allen meinen Kräften, mich bestreben werde, es so weit zu bringen."

(An den Stadtrath von Luxemburg 1781.) (Bn.)

„Die Menschen verlangen mit Ungestüm eine Freiheit, die ihnen nachtheilig würde, da die wenigsten hievon Kenner des Gebrauchs derselben sind. Möchten alle, die zur Erziehung und zum Volkswohl mit beitragen können, dem Unterthan darstellend machen, daß die meisten Revolutionen eine Wirkung des Ehrgeizes einiger wenigen seien, daß diese das Volk zur Ausführung ihrer Absicht gebrauchen, und daß der glückliche Ausgang einer Empörung mit Strömen Bürgerbluts erkauft werden müsse."

(September 1787.) (Br.)

„Danken Sie mir nicht, es ist meine Pflicht, Verdienste zu belohnen."

„Ich belohne mit Vergnügen und suche die kleinsten Gelegenheiten auf, wo man sich hervorthut; aber ich halte mich auch verbunden, um den Unterschied bemerkbar zu machen, diejenigen, die Fehler begehen, zu strafen."

(1789.) (Car.)

„Wenn ich es einmal werde dahin gebracht haben, daß die Ungarn die wahren Verhältnisse zwischen dem König und den Unterthanen allgemein anerkennen; wenn ich alle geistlichen und weltlichen Mißbräuche werde abgestellt, wenn ich Thätigkeit und Industrie erweckt, den Handel in Flor gebracht, das Land von einem Ende zum anderen mit Straßen

und schiffbaren Kanälen werde versehen haben, wie ich es
hoffe; wenn dann die Nation mir ein Monument errichten
will, dann möchte ich es vielleicht verdient haben, und dann
werde ich es auch mit Dank annehmen."

(An den Magistrat von Ofen, Juni 1784.)

Nach anderer Quelle:

"Wenn die Vorurtheile werden ausgewurzelt und
wahre Vaterlandsliebe und Begriffe für das allgemeine Beste
der Monarchie beigebracht sein; wenn jederman in einem
gleichen Maße das Seinige mit Freuden zu den Bedürfnissen
des Staates, dessen Sicherheit und Aufnahme beitragen wird;
wenn Aufklärung durch verbesserte Studien, Vereinfachung
in der Belehrung der Geistlichkeit und Verbindung der
wahren Religionsbegriffe mit den bürgerlichen Gesetzen;
wenn eine bündigere Justiz. Reichthum durch vermehrte Po-
pulation und verbesserten Ackerbau; wenn Erkenntniß des
wahren Interesses des Herrn gegen seine Unterthanen und
dieser gegen ihren Herrn; wenn die Industrie, Manufakturen und deren Vertrieb und Zirkulation aller Produkte
in der ganzen Monarchie unter sich werden eingeführt sein,
wie ich es sicher hoffe: alsdann verdiene ich eine Ehrensäule,
nicht aber jetzt, wo nur die Stadt Ofen durch meine zur
leichteren Uebersicht getroffene Uebersetzung der Stellen dahin
einen mehrer Vertrieb ihrer Weine und einen höheren Zins
ihrer Häuser erhält."

(An den Magistrat von Ofen, Juni 1784.) (Co.)

Leitner, Josef II.

„Vergessen Sie, daß Sie den Souverän vor sich haben, denken Sie sich in mir blos Ihren und der Nation Freund, und reden Sie frei, wie Sie denken."

(An die Deputation der Niederlande 1757.)

„Jetzt, meine Herren, ist die Ceremonie geendet. Sie sind keine Abgeordneten mehr; wir sind alle Bürger, Sie werden wol die Güte haben, mich als einen solchen anzusehen. Es wird mir sehr lieb sein, mich zu unterrichten, und Ihnen nicht unlieb, mich anzuhören. Wenn man mit mir gesprochen, hat man mich nie taub gegen die Vernunft gefunden. Besuchen Sie mich; — was wir uns einander sagen werden, wird keine Folgen haben; jeder von uns wird vollkommen frei sein."

(Zu den Deputirten der österr. Niederlande, (5. Aug. 1787.) (Pg.)

„Als Kurfürst sind Sie einer der ersten Fürsten des Reiches. Vergessen Sie, daß der Imperator Ihr Bruder und Sie ein Prinz meines Hauses sind; opfern Sie sich ganz dem Vaterland und Ihrem Volk. Die Würde des Erzbischofs ist Charakter des Schicksals; als ein weiser Mann unterwerfen Sie sich der Nothwendigkeit; erfüllen Sie Alles, was Ihre Bestimmung fordert, und nehmen Sie sich hierin den großen Ganganelli zum Muster, welcher das hohe Priesterthum mit dem Diadem auf eine solche Art vereinigte, daß seine Regierung ein ewiges Denkmal für Rom sein wird. — Sie

sind von der Vorsehung auf einen Thron gesetzt, auf dem Sie nun darthun müssen, Sie wären seiner würdig! Erinnern Sie sich jener weisen Grundsätze, die Ihnen in Ihrer Erziehung beigebracht wurden; zeigen Sie in der Regierung Ihres Volkes den Geist des Vaters und die Güte unserer Mutter; und wenn Sie einst aufhören zu sein, werden die Thränen Ihrer Unterthanen die schönsten Blumen auf Ihrem Grabe sein."
(An den Erzherzog Maximilian, Kurfürsten von Köln, seinen jüngsten Bruder, April 1784.) (Br.)

„Vereinigen Sie Ihre Bemühungen mit dem Bestreben Ihres Gemahls, ihm die Liebe seines Volkes zu erwerben. Lassen Sie nichts unversucht, um sich der Zuneigung Ihrer Unterthanen zu versichern, und Sie werden dadurch das wohlthätigste Geschenk der Vorsehung für das Reich der Franken sein."
(An seine Schwester, Königin von Frankreich. Mai 1774.) (Br.)

„Der österreichische Staat hat keine Schwester" (sagte Josef, als man ihm zu einer bewaffneten Intervention in Frankreich rieth, wo bei den Oktoberscenen in Paris seine Schwester, die Königin, von dem Pöbel Mißhandlungen erduldet hatte).

„Wenn man Einmischungen und Anempfehlungen fremder Herren auch in inneren Angelegenheiten Gehör geben wollte, so hörte man auf, Herr in seinem eigenen Hause zu sein; mithin ist dieses Gesuch lediglich abzuweisen."

(Juli 1786, gegen ein Fürwort des Markgrafen
von Ansbach und Bayreuth.) (Mey.)

„Entweder obsiegen oder untergehen — das ist meine Devise, und wenn die Streitkräfte nicht ausreichen, über welche ich jetzt befehle, so werde ich andere schicken. Meine Lage ist nicht zu beschreiben, aber mein Muth erhält mich."

(Juli 1787, an Leopold II.)

„Alle Anordnungen, die ich meinem Generalgouvernement (der Niederländischen Provinzen) aufgetragen habe, zielten einzig und ohne den mindesten Anschein eines persönlichen Interesses zum größeren Vortheil meiner getreuen Unterthanen ab, ohne daß ich dadurch die verschiedenen Korporationen der Nation ihrer alten Rechte und Freiheiten berauben wollte. Alle meine Schritte müssen Euch von der Wahrheit dieses Satzes überzeugen, wenn Ihr noch fähig seid, ihnen die schuldige Gerechtigkeit widerfahren zu lassen."

„Ich will als Vater und Mensch, der viel verzeihen kann, dasjenige, was bisher vorgegangen ist und Ihr Euch zu thun unterfangen habt, nur allein Mißverständnissen und falschen Auslegungen meiner Absichten zuschreiben, die durch solche Personen erzeugt und ausgestreut worden sind, welche mehr ihrem Eigennutz als dem allgemeinen Wohl anhängen und nichts zu verlieren haben."

(An die Deputation der Niederlande 1787.)

———————

„Es thut mir weh, daß einige übelgesinnte Personen noch immer die gute Ordnung stören. Es gehört hierzu eben so viel Standhaftigkeit als Geduld, und ich empfehle Ihnen sehr, niemals zu vergessen, die eine mit der anderen abwechseln zu lassen; mit dem Minister sich immer darüber zu vergleichen, daß Sie, wenn es die Umstände erfordern, mehr Strenge zeigen und er mehr Nachgeben blicken lasse, da diese Vermischung gewiß alles Gute hervorbringen wird."

(An General Graf von Alton, Oberbefehlshaber
der Truppen in den Niederlanden, April 1788.)

———————

„Da mir die lange Dauer der Streitigkeiten in den Niederlanden höchst zuwider ist, und ich sehe, daß sich das Uebel nur vermehrt, wenn man es noch länger wirken läßt, so bin ich entschlossen, den gemachten Schwierigkeiten in der Güte oder mit Strenge mit einmal ein Ende zu machen. Wenn sich dies thun läßt, ohne daß man genöthigt ist, Gewalt zu brauchen, so ist es desto besser, wo nicht, so muß man dieselbe zu rechter Zeit brauchen, aber mit Standhaftigkeit und Nachdruck, und sich nicht lange besinnen, ob man es thun soll; oder anfangen und nicht endigen, sondern, wenn der Anfang einmal gemacht ist, nicht eher ruhen, bis alles unterworfen ist. Ob eine solche Operation mehr oder weniger Blut koste, darf nicht erwogen werden, wenn es darauf ankommt, das Ganze zu erhalten und diesen ewigen Neckereien ein Ende zu machen."

(An von Alton, Juni 1789.) (Car.)

„Unwiderruflich bin ich entschlossen, niemals dasjenige zu ratifiziren, was die Regierung (der österreichischen Niederlande) zu versprechen gewagt hat. Nicht auf der Bresche der Stadt Wien würde ich mich zur Unterzeichnung einer so erniedrigenden und entehrenden Sache verstehen, am allerwenigsten aber in dem Stande, worin ich mich befinde, und mit dem festen Willen, dem Muthe und der Unerschrockenheit, die mich beseelen. Wer nichts für sich selbst fürchtet, wagt alles, und viel kann der, welcher vor keinem Mittel zurückschreckt."

(An Kaunitz, 1789.)

„Ich weiß nicht, wie einige Monarchen auf die Kleinigkeiten gerathen sind, sich literarische Vorzüge zu verschaffen, eine Art von Größe darin zu suchen, wenn man Verse macht, einen Riß zum Theater zeichnet, der ein Pendant für die Werke eines Palladio sein solle. Zwar sehe ich wol die Obliegenheit ein, daß die Könige im Reich der Wissenschaften nicht ganz unbekannt sein sollen, daß man aber als Monarch die Zeit damit zubringe, Madrigals zu schreiben, das finde ich äußerst unnöthig."

(An van Swieten, Dezember 1781.) (Br.)

„Meine Zeit hat mir nie erlaubt, Epigramme zu machen und Vaudevilles zu schmieden. Ich habe gelesen, um mich zu unterrichten; ich bin gereist, um meine Kenntnisse zu erweitern; und indem ich die Gelehrten unterstütze, erweise ich ihnen einen größeren Dienst, als wenn ich und einer derselben an einem Pulte Sonetten faselten."

„Der Markgraf von Brandenburg ist das Haupt einer Königssekte geworden, die sich damit beschäftigt, Memoiren, Gedichte und Abhandlungen über verschiedene Gegenstände zu schreiben. Die Kaiserin Rußlands folgte ihm nach, las Voltaire und schrieb Schauspiele und Verse an Vauhal, dann einige Oden an ihre Alziden; Stanislaus Lesczinsky aber Friedensbriefe, endlich der König von Schweden welche im Tone der Freundschaft. — Die Veranlassungen hierzu sind ebenso sonderbar als die Produkte ihres Geistes; der König von Preußen fing seine akademischen Beschäftigungen zu Rheinsberg an, wohin ihn sein Vater exilirte, und wo er kaum wie ein Oberster meiner Armee leben konnte. Wie er König wurde, setzte er seine Gelehrtenbeschäftigungen fort; gleich versammelten sich eine Menge französischer Champions und besangen seine Siege in Schlesien, d. f. die Eroberungen eines Landes, das zwei Infanterie-Regimenter zur Besatzung hatte, und das er mit 40.000 Mann überschwemmte. Späterhin trieb ihn die Begierde, Verse zu machen, an, mit Voltaire Freundschaft zu stiften, die aber unterbrochen, wieder erneuert, getrennt und bis zum Tod des Uhrmachers von Ferney fortgesetzt wurde. — Die Kaiserin von Rußland unternahm es aus Stolz; sie suchte in jeder Gattung von Ruhm zu glänzen, das Uebrige thaten Zeit und Umstände, Freundschaft und Leidenschaft und eine Portion Eitelkeit mitunter. — Stanislaus war ein gutgesinnter Mann; er träumte wie der Abt von St. Pierre, und hätte, wäre es möglich gewesen, von seinem Lunéville aus der ganzen Erde Friede geboten. — Die Majestät aus Stockholm hatte andere Ursachen; Gustav ward in Frankreich mit Würde behandelt und schrieb nach seiner Rückkunft so zärtliche Briefe nach Paris und an den Hof zu Versailles, daß man ihm das Kompliment zu machen genöthigt war, außer dem König wäre er ein sehr liebenswürdiger Privatmann. — So denke ich über diese Gegenstände."

(An van Swieten, Dezember 1780.)

„So sehr ich die Schöngeister hasse, so sehr liebe ich die wahrhaft Gelehrten."

(G.-B.)

„Die Jagd ist eine Belustigung, welche sich die Fürsten so selten als möglich erlauben sollten, denn sie fördert nicht das Wohl des Unterthanen, sondern ist ihm schädlich, weil sie das Gemüth zerstreut und Gelegenheit gibt, ernsthaftere Beschäftigungen zu vernachlässigen."

(Paris, 1777.)

„Ich spiele niemals, denn ein Fürst, wenn er beim Spiele verliert, verliert von dem Gelde seiner Unterthanen."

(Paris, 1777.)

Der Kaiser war einst bei einem auswärtigen Fürsten zu Gaste, als dieser einem alten Landesgebrauche gemäß eine ganz lächerliche Ceremonie mitzumachen hatte. Nachdem diese vorüber war und der Fürst selbst mit Josef ein Gespräch darüber anfing, sagte der Kaiser: „Aber wie könnte ich als souveräner Landesfürst in einem so aufgeklärten Jahrhundert mich noch zu so etwas bequemen?" — Der Fürst meinte: „„Meine Einkünfte, die ich von meinen Unterthanen beziehe, verdienen es immer, daß auch ich mir auf Rechnung ihrer Schwachheiten etwas gefallen lasse."" — „Auch ich," erwiderte Josef, „beziehe meine Einkünfte von meinen Unterthanen; allein ich glaube, eben diese so reichlichen Einkünfte verdienen oder vielmehr fordern es von mir, daß ich meine Unterthanen von ihren Schwachheiten heilen solle." — „„Dies mag allerdings richtig sein,"" entgegnete der Fürst, „„allein ich habe es mir in meiner Jugend öfter vorsagen lassen müssen, die Schwachheit der Unterthanen sei die Stärke der Souveräne."" — „So," fiel ihm Josef in die Rede, „so wie ich es in meinem Mannesalter erfahren mußte, daß die Schwachheit der Souveräne die Stärke und endlich auch die Uebermacht der Unterthanen ausmache."

(Sch.)

"Als man Bedenken trug, die giftige Schmähschrift des satirischen Franz Kratter: „Briefe über den gegenwärtigen Zustand Galiziens", drucken zu lassen und deshalb den Kaiser selbst befragte, antwortete Josef: „Warum nicht, wenn diese Pfeile nur gegen mich gerichtet sind? Ich habe wol noch andere auszuhalten!"

(Pg.)

„Als eine kleine Schrift erschien, worin der Kaiser als Despot geschildert wurde, zu eben der Zeit, als dieser Freiheiten gab, seinen Unterthanen erlaubte, frei von Land zu Land zu ziehen, ohne Abzugsgeld u. dgl., bemerkte Josef nur darüber: „Dieser Mann gibt seine Schrift nicht zur rechten Zeit heraus, und das, was mir am meisten leid dabei thut, ist, daß er sie nicht verkaufen wird."

(Car.)

„An der den Evangelischen eingeräumten Kirche des ehemaligen Königsklosters fand man eine Schrift des Inhalts: „Dieser Tempel war einst zum Dienst des allmächtigen Gottes von den frömmsten Beherrschern Oesterreichs eingeweiht, war die Wohnung heiliger Jungfrauen des unbefleckten Lammes; aber es plünderte darin die Kirchenschätze — es zerstreute in alle Welt die Gott geheiligten Nonnen — jener Verführer der Braut Christi und Schwächer reiner Jungfrauen, des Martin Luther treuer Anhänger und Nachfolger, Josef II., ein Lutheraner — uneingedenk der göttlichen Barmherzigkeit, die ihn auf den Thron erhoben; ein berüchtigter Verächter der heiligen Kirchengesetze, begünstigt und befördert er alle Ketzereien und ist selbst ein Mann von keiner Religion. Nun hat er — ein seit Jahrhunderten unerhörtes Beispiel — eben diesen Tempel unter der Maske der Tugend zum Sammelplatz der Gräuel verkauft und angewiesen." — Josef ließ diese Schrift drucken und zum Besten der evangelischen Kirche verkaufen.

„Lassen Sie sich durch das Gefühl der Dankbarkeit nie so weit erweichen, daß Sie in meiner Geschichte etwas verschweigen; denn die öffentliche Kundmachung der Fehltritte der Monarchen wirkt immerfort Gutes auf Generationen hinaus, und nur dann würden Sie gegen mich undankbar sein, wenn Sie dies Gute verhindern wollten." Dies soll Josef zu einem Manne gesagt haben, den er kurz vor seinem Tode mit der Verfassung seiner Lebensgeschichte beauftragte, und dem er nebst Material dazu zugleich die Belohnung einhändigte. Der Kaiser war auf den befähigten Mann aufmerksam geworden, weil letzterer in einer Broschüre die allgemein bekannten Fehler des Kaisers in sehr auffallendem Tone gerügt hatte. Es wurde zwar das Gerücht seiner Bestrafung ausgesprengt, er aber im Gegentheil vom Kaiser belohnt und in vertraute Dienste genommen.

(Sch.)

„Ich kann mein Betragen hierbei (Frieden zu Teschen, womit Josef durchaus unzufrieden war) mit jenem von

Karl V. in Afrika vergleichen, der nach einem widrigen Feldzug mit seiner Flotte nach Spanien zurückkehrte; er stieg zwar auch zu Schiff, war aber der letzte, der es that. Ich bin wie einer der venetianischen Generale, der im Krieg ihre Landarmee kommandirt, und in dieser Absicht die Bestallung der Republik erhält. Wenn die Feldzüge vorbei sind, bekommt er eine Pension.

(An einen Freund, Mai 1779.) (Br.)

„O lesen Sie mir dieses Kapitel noch einmal! Ich muß es mir einprägen, denn ich werde, wenn ich einst zur Regierung kommen werde, Selbstkenntniß und Kenntniß der Menschen sehr nöthig haben."

(Josef als Knabe zu seinem Lehrer über Bellegard's Buch über Selbst- und Menschenkenntniß.) (Co.)

„Kinder, was wundert ihr euch darüber? bin ich nicht euer Vater, euer Freund?" antwortete Josef, als die Niederländer erstaunt ausriefen: Seht nur, wie gütig, wie leutselig, wie herablassend er ist.

(G.-H.)

Ein auswärtiger Minister bewunderte des Kaisers Herrschertalente; dagegen erwiderte Josef: „Lassen Sie die Talente weg; ich thue, was ich kann, und man wird mir nicht vorwerfen, daß ich nicht alles thue, was in meinem Vermögen steht; aber ich werde fast von niemand unterstützt, sowol in den Anlagen als in der Ausführung. Staatsbeamte, Dikasterien, Große, Kleine, der Adel, die Bürger, die Priester, die Mönche, alles häuft Hindernisse über Hindernisse auf, und so wird der Gang der Maschine gehemmt."

(1787.)

Der Kaiser fragte einmal, wie er dies täglich zu thun pflegte, einen seiner besoldeten Vertrauten: „Was wird in der Stadt von mir gesprochen?" — Der Mann berichtete offen: „„Der größte Theil sagt unter anderem, Eure Majestät wären mehr grausam als gütig."" Josef erwiderte: „Dies ist mir sehr lieb, denn es beweist mir, daß der größte Theil mit seinem Nebenmenschen Mitleiden hat."

In einer zahlreichen Versammlung zu Paris pries eine Dame begeistert den amerikanischen Kongreß und die heldenmüthige Ausdauer der Nationalmilizen; Josef hörte stillschweigend zu. Verletzt darüber, fragte die Dame ihn: „Was denken Sie davon, Herr Graf" (Incognito: Graf v. Falkenstein); „und auf welche Seite stellen Sie sich?" — „„Ei nun, Madame,"" erwiderte Josef, „„ich habe schon meine Stellung, ich bin Royalist.""

(Paris 1777.) (Pg.)

(Nach anderer Quelle antwortete Josef einfach:)

„Ich muß gestehen, bei meinem Gewerbe ziemt es mir, Royalist zu sein."

(G.-B.)

„Wer mich liebt, wird für mich beten, die mich aber nicht lieben, will ich nicht zum Beten nöthigen."

(Damit verbot Josef öffentliche Gebete für sich bei seinem voraussichtlichen Tode.)

„Man hat öffentliche Gebete für die Wiederherstellung meiner Gesundheit angeordnet. Ich weiß es; aber ich weiß auch, daß mich der größte Theil meiner Unterthanen nicht liebt. Wozu können somit Gebete nützen, welche das Herz nicht fühlt, die es sogar Lügen straft?"

(Kurz vor seinem Tode.) (Pz.)

———

„Lieber Freund! Ich bin von dem Ausdrucke Ihrer Theilnahme innig gerührt; allein was kann ich bei den Verhängnissen der Vorsehung anders thun, als mich denselben unterwerfen? — Ich umarme Sie und empfehle Ihnen in diesem gefährlichen Zeitpunkte mein Vaterland, das mir so sehr am Herzen liegt."

(An Kaunitz, 19. Februar 1790.) (Bu.)

„Ich befehle, daß die gegenwärtige Schrift, welche meinen letzten Willen enthält, nach meinem Tode öffentlich bekannt gemacht werde, und bitte die, welchen ich gegen meine Absicht nicht volle Gerechtigkeit habe widerfahren lassen, als Christen oder als Menschen mir zu verzeihen. Ich bitte sie, zu bedenken, daß ein Monarch auf dem Throne sowie der Arme in seiner Hütte ein Mensch ist, und alle beide demselben Schicksal unterworfen sind."

(16. Artikel des Testamentes Josef's II.)

„Ich bedaure den Thron nicht; eine einzige Erinnerung lastet auf meinem Herzen, daß ich nämlich mit aller Mühe, die ich mir gegeben, wenig Glückliche und viel Undankbare gemacht habe."

(Eine der letzten Aeußerungen Josef's.)

„Ich fürchte mich vor dem Sterben nicht, Sie können frei sprechen; aber es wäre für meine Staaten nicht gut, überrascht zu werden."

(Zu seinem Arzt Quarin, 1790.)

Am letzten Morgen las der Beichtiger am Bett des sterbenden Kaisers Gebete; bei den Worten: „Wir verlassen uns auf den Glauben, die Hoffnung und die Liebe", wiederholte Josef das Wort „Glaube" sehr laut, das „Hoffnung" langsamer aber deutlich, und das Wort „Liebe" mit der größten Glut. „Wir wollen hier innehalten!" sagte er dann. „Dieses Buch wird mir nicht mehr dienen. Ich schenke es Ihnen, behalten Sie es mir zu Liebe."

Als der Beichtiger das Gebet angefangen: „Gott, Dich loben wir u. s. w.," unterbrach ihn der sterbende Kaiser und sagte: „Herr, der Du allein mein Herz gekannt hast, Dich rufe ich zum Zeugen. Ja, alle meine Unternehmungen haben keinen anderen Zweck gehabt als das Wohl und den Vortheil der Unterthanen, deren Pflege Du mir anvertraut hast, Dein Wille geschehe!"

(Pe.)

Des Kaisers letzte Worte waren zum Beichtvater: „Beten Sie: in Deine Hände, o Herr, empfehle ich meine Seele!" und für sich: „Ich glaube meine Pflicht als Mensch und Regent erfüllt zu haben."

(Bu.)

„Hier liegt Josef II., welcher in allen seinen Unternehmungen unglücklich war."

(Seine selbstverfaßte Grabschrift.)

2.

Josef gegen Papst, Rom und Geistlichkeit, Jesuiten und Mönchsthum.

„Es ist eigentlich kein Streit zwischen mir und dem Papste, weil dieser gar kein Recht hat, über die inneren Einrichtungen, welche ich kraft meiner landesfürstlichen Macht in kirchlichen Sachen gutfinde, irgend etwas zu sagen. Wenn daher der Papst zu der Duldung der Nichtkatholischen, zu der Einziehung mehrerer Klöster und zu anderen Dingen seine Einwilligung unter einigen Modifikationen anbietet, so ist dies mir zwar sehr angenehm, daß der Papst diese Einrichtungen mit seinem Beifall beehrt, aber dessen Einwilligung bedarf ich nicht, und auf die vorgeschlagenen Modifikationen kann ich mich gar nicht einlassen."

(Bei Anwesenheit des Papstes in Wien, März 1782.) (Bu.)

„Ich beabsichtige, mich vom römischen Hofe völlig unabhängig zu machen, und fürchte weder den zu erregenden Zwiespalt in der Kirche noch den Namen eines Schismatikers;

im voraus habe ich allen Widerstand berechnet und bin v.
sichert, daß ich ihn überwinden werde. Der Zustimmung
meiner Bischöfe gewiß, hoffe ich mit ihrem Beistande die
Sache durchzusetzen und mein Volk zu überzeugen, daß es
katholisch bleiben könne, ohne römisch zu sein."

(Zu Azara, dem spanischen Gesandten in Rom,
Dezember 1783. Diesen beabsichtigten Bruch gab
indeß der Kaiser auf und suchte auf dem Wege der
Güte seinen Zweck zu erreichen.)

"Ich würde es geltend gemacht haben" (sein Recht
auf Rom als römischer König), "aber aus Hochachtung für
die Religion und für denjenigen, der das Haupt davon ist,
enthielt ich mich allezeit, das geringste Verlangen danach zu
bezeigen. Es ist weit besser gethan," fügte Josef lachend
hinzu, "den Sultan vom Throne zu stoßen."

(Car.)

"In diesem Augenblick ist die Abreise des Papstes"
(von Rom nach Wien) "fürwahr ein unbesonnener Streich,
der sich nicht anders rechtfertigen und begreifen läßt als
durch jene mysteriöse Sehnsucht, die ihn beherrscht, als Retter
der Rechte der Kirche zu erscheinen, während man ihr doch
durchaus kein Leid zufügt. Wie außergewöhnlich seine An=
kunft in Wien auch sein mag, und wie wenig man sich auf
das vorbereiten kann, was er hier vorschlagen, thun oder ver=
handeln wird, so wird er doch in mir, ich hoffe es, einen ehr=
furchtsvollen Sohn der Kirche, einen gegen seinen Gast

höflichen Hausherrn, endlich einen guten Katholiken in der vollen Ausdehnung dieses Wortes, gleichzeitig aber einen Mann finden, der erhaben ist über die Phrasen und etwaige tragische Scenen, mit denen man ihn zu ködern gedächte, fest, sicher und unerschütterlich in seinen Grundsätzen und ohne jede andere Rücksicht nur das Wohl des Staates anstrebend, über welches bei ihm keinerlei Zweifel besteht."

(März 1782, an Leopold II.)

„Der Papst ist unterwegs! Ich gestehe, daß der Grund und Gegenstand" (seiner Reise nach Wien) „ein wahres Räthsel ist, und man muß sich den Kopf zerbrechen, um davon den Endzweck zu finden; man endet immer damit, zu glauben, daß, wenn jemals das Sprüchwort „Parturiunt montes" (die Berge kreisen) „wahr gewesen, es wahr sein wird bei dieser Gelegenheit."

(10. März 1782, an Leopold II.)

Auf die Bitte des Kardinal Migazzi, den Papst zu Wien einläuten zu dürfen, erwiderte Josef: „Warum nicht? Die Glocken sind ja die Artillerie der Geistlichkeit."

Als der Erzbischof von Prag und der Bischof von Breslau beim Kaiser brieflich anfragten, ob sie bei der Ankunft Sr. päpstlichen Heiligkeit sich nach Wien begeben dürften, antwortete Josef: „Wien steht jederman frei, der sich nicht in den Fall gesetzt hat, es vermeiden zu müssen, also können, ihrem Vorwitze Genüge zu leisten, Bischöfe herkommen oder ausbleiben, wie sie wollen." (März 1782.) (Bru.)

Als der Wiener Magistrat im März 1782 bei der Anwesenheit des Papstes anfragte, ob er bei St. Stefan zur Aufwartung erscheinen solle, schrieb der Kaiser selbst den Bescheid: „Der Magistrat hat mit ihrer päpstlichen Heiligkeit nichts anderes gemein als alle anderen katholischen Christen. In allen jenen Gelegenheiten, in welchen derselbe bei St. Stefan zu erscheinen im Gebrauch hatte, hat er noch mit und ohne den Papst sich zu verfügen; in jenen, wo er nicht erschienen, hat er mit und ohne Papst auszubleiben."
(März 1782.) (Bru.)

„Heut endlich ist Seine Heiligkeit von einem Schreiben entbunden worden, und ich werde von einer Antwort entbunden werden; alles, was ich Dir darüber noch sagen kann, ist, daß diese beiden Kinder sich niemals mit einander verheirathen werden." (11. April 1782, an Leopold II.)

Als der Kaiser erfuhr, daß man bei den kirchlichen Vorbereitungen zum Hochamte den päpstlichen Sessel eine Stufe höher gestellt als den kaiserlichen, um dadurch die Hoheit des einen vor dem anderen anzudeuten, erklärte Josef: „So mag der Papst allein fahren und in der Kirche sitzen."
(März 1782, als der Papst in Wien war.) (Bn.)

„Eine Allokution des Papstes in voller Kirche würde eine unglaubliche Scene hervorrufen, denn ich könnte mich nicht enthalten, ihn zu unterbrechen und ihm Stillschweigen aufzuerlegen."

(18. März 1782 an Leopold II.)

„Im Grunde ist der Papst" (Pius VI.) „ein sehr guter Mann; er hat Verstand, aber er weiß nicht, daß sich die Zeiten geändert haben. Uebereilen werde ich nichts, aber noch weniger zurückweichen."

(In Rom 1781.)

„Man muß sich die Fürsten zu guten Freunden machen und sie nicht vor den Kopf stoßen und sich nicht ihre Feindschaft zuziehen. Der Papst muß in geistlichen Sachen an Gottes statt handeln; allein er muß sich erinnern, daß er Souverän ist, sich ebenso wie andere Souveräne in der Welt der Staatskunst bedienen muß, um seiner Unterthanen Ruhe zu befördern."

(In Rom, März 1769.)

„Der Papst besieht hier bis ins kleinste Einzelne alles, was sich bemerkenswertheres findet, und das erstreckt sich bis auf meinen Marstall und die Ställe meiner Jagdhunde. Im übrigen bringe ich Tag für Tag drei Stunden mit ihm im Gespräch zu, wo man mehr über gleichgiltige Dinge spricht als über die Streitigkeiten zwischen dem Heiligen Stuhl und dem Kaiserreich, und mithin, wenn jemals das Sprüchwort wahr gewesen ist von einem Berge, der eine Maus gebiert, dann kann es wol sein bei Gelegenheit dieser pomphaften und sonderbaren Reise des heiligen Vaters."

(An den österreichischen Gesandten in Paris, 15. April 1782.)

„Wenn ich meinen Plan vollbracht, so werden die Völker meines Reiches genauer die Pflichten kennen, die sie Gott, dem Vaterland und ihren Mitmenschen schuldig sind, — so werden uns noch die Enkel segnen, daß wir sie von dem übermächtigen Rom befreit, die Priester in die Grenzen ihrer Pflichten zurückgewiesen und ihr Dortsein dem Herrn, ihr Dasein aber dem Vaterlande allein unterworfen haben."

(An den k. k. Minister in Rom, Oktober 1781.)

„Mir däucht, es gibt Leute in Rom, die es so wollen, daß es noch länger Finsterniß auf unserer Halbkugel gebe."

(An den Papst Pius VI., Juli 1784.)

„Ich halte die päpstlichen Nuntien blos für Abgesandte des Römischen Stuhles, wie sie ein Staat an dem Hofe des anderen hat, und ich werde nie zugeben, daß eine Jurisdiktion in geistlichen Sachen von ihnen ausgeübt werde."

„Ohne die Texte der Schrift und der heiligen Väter anzuführen, die allzeit auf verschiedene Arten ausgelegt werden können, melde ich Eurer Heiligkeit blos dies, daß ich eine Stimme höre, die mir laut zuruft, daß es mir als dem Gesetzgeber und Beschützer der Religion so und nicht anders zu handeln gezieme; diese Stimme, vereint mit dem Beistand von oben und meinem geraden Sinn, den ich mir eigen gemacht, kann mich nicht irreführen."

(An den Papst Pius VI., August 1782.)

„Entbieten allen und jeden unseren geistlichen und weltlichen Obrigkeiten: Da alle von dem päpstlichen Stuhle erlassene Bullen, Breven oder anderwärtige Verordnungen einen Bezug auf den Statum publicum haben können, so finden wir für nothwendig, daß deren Inhalt unnachsichtlich vor der wirklichen Kundmachung uns zur Ertheilung unseres landesfürstlichen Placeti Regii oder Exequatur allemal vorgelegt werden."

(März 1781.) (C. j.)

„Was das Placetum Regium betrifft, so hat es mir geschienen, daß, wenn das sichtbare Oberhaupt der Kirche, wie man es nennt, einen Befehl vom Vatikan aus an die Gläubigen meiner Staaten ergehen läßt, ich, als ihr fühlbares und wirkliches Oberhaupt, davon unterrichtet sein und einigen Einfluß haben dürfe."

(Eigen den Kurfürst. Erzbischof von Trier, Oktober 1781.)

„In Beziehung auf die Bullen „In coena Domini" und „Unigenitus" scheint Sie der Ausdruck meiner Verordnung: „aus den Ritualien ausreißen", zu beunruhigen. Wenn Sie also in Ihrer Diözese andessenstatt setzen wollen: ein weißes Papier aufzukleben, worauf die vier Worte geschrieben stünden: Obedientia melior quam victima" (d. h. Gehorsam ist besser als Schlachtopfer), „so wäre die Sache nur desto besser. — Die Unigenitusbulle ist später als jedes ökumenische Konzilium, folglich weit entfernt von einer Entscheidung der ganzen Kirche; sie ist von den einen angenommen, von den anderen verworfen worden, folglich scheint es, daß mein Befehl, davon nicht zu reden oder zu disputiren, nicht überflüssig sei. Zum guten Glück kennen meine guten Oesterreicher weder den Molinos noch den Arminius" (ersterer ein mystischer spanischer Theologe, † 1696; letzterer ein niederländischer Theologe, † 1609), „und wenn man ihnen davon sagte, würden sie fragen, ob es römische Konsuln gewesen. Ich selbst kannte einen Windhund Molinos, der einen Hasen ganz allein fing. So unwissend sind wir in den Streitigkeiten über die Gnade. Also wird man bei mir davon schweigen, und man hätte wohlgethan, schon vor 30 Jahren davon geschwiegen zu haben."

(Gegen den Erzbischof Kurfürst von Trier, Oktober 1781.)

Gegenüber der Behauptung des Erzbischofs Migazzi: Die allgemeine Kirche habe das Recht des Römischen Stuhles, Exemtionen zu ertheilen, zu allen Zeiten anerkannt, erwiderte Josef:

„Dies ist ganz falsch, und eine fremde Gerichtsbarkeit, die Christus selbst auf Erden nie verlangt und nie geübt, ja dieselbe verboten hat, kann kein vernünftiger, für das Wohl seiner Staaten besorgter Landesfürst dulden, besonders da derlei Gerichtsbarkeiten nur Geld außer Landes schleppen. Es braucht keinen anderen Beweis, daß es blos auf Geld abgesehen sei, als die den Bischöfen über einige Fälle ertheilten Befugnisse zu dispensiren, die immer den Schandfleck: „Pro pauperibus tantum" (nur für die Armen, die Reichen mußten sich in Rom für Geld dispensiren lassen) als „Klausel mit sich führen."

(Br.)

Als der Erzbischof weiter die Exemption damit vertheidigte, daß dieselbe der bischöflichen Gerichtsbarkeit nicht im Wege stehe, weil nur die innerliche Klosterzucht zwischen den Mauern als ein Gegenstand der Exemtion übrigbleibe, entgegnete Josef:

„Man hat es bei den Jesuiten gesehen, daß jeder, der ihren Habit getragen, auf päpstliche Privilegien sich stützend, die er vermöge eines anderen Privilegiums vorzuweisen nicht schuldig war, ohne den Pfarrer oder Bischof zu fragen, überall Beichte hören, Messe lesen und auf die Kanzel steigen durfte. Nach ihrer Zerstörung machten sie unter dem Schutz der Bischöfe öffentliche und heimliche Ruhestörer. Die innerliche Klosterzucht hält der Herr Bischof für eine Kleinigkeit. Wenn ein Mönch den anderen mordet, wenn die Klöster Müßiggänger und Trunkenbolde nähren, schädliche

Lehren in ihren Schlupfwinkeln dociren, das Volk
mit Sammeln und Messe-Schnappereien aussaugen,
den Raub in ihre Höhle tragen u. s. w., da fragt
der Bischof nichts darnach, weil die Exemtion im
Wege steht und die größten Bubenstücke zwischen
den Klostermauern geschehen."

(Br.)

Der Erzbischof wagte hierauf noch den Vorschlag:
der Kaiser möge sich an den Papst wenden und mit ihm
gemeinsame Schritte thun, oder er möge den Bischöfen
erlauben, die Sache mit Sr. Heiligkeit zu verhandeln. Auf
diese Art würden die Gewissen sowol der Bischöfe wie der
Ordensleute beruhigt werden. Darauf erklärte Josef:

„Die gemeinsamen Schritte mit Rom würden
immer zwei vorwärts und fünf zurück gehen. Von
den Bischöfen wäre ihres Eidschwurs wegen schon
gar nichts zu hoffen. Ein oder der andere Weg ist
auch nicht nothwendig, sondern der Landesfürst als
Defensor Religionis" (Vertheidiger der Religion) „muß
das Eis brechen. — Die Bischöfe werden ruhig
schlafen können und ihr Gewissen erleichtern —
wenn sie mit Beiseitlassung aller Nebenabsichten
ihrem Landesfürsten gehorsamen, anstatt ihn zu
hindern, wenn er die Religion von Mißbräuchen
reinigen und der Aussaugung seiner Unterthanen
Schranken setzen will. Nur solche Bischöfe suchen
dergleichen heilsame Absichten zu hintertreiben,
welche, von den Exjesuiten gefesselt, ihnen in allem
zu Willen sein müssen, und durch Emporhebung des

römischen Hofes Maximen zu ihrer Wiederauflebung den Weg bahnen, was aber katholische Höfe, von gottesfürchtigen und ehrlichen Männern unterstützt, mit Gottes Hilfe niemals zugeben werden."

(Br.)

Als gegenüber der neuen Kirchenverfassung der Erzbischof vorbrachte: das Gewissen erlaube den Bischöfen nicht, sich eine Gerichtsbarkeit anzumaßen, welche die allgemeine Kirche dem Statthalter Christi vorbehalten habe, erklärte der Kaiser dagegen:

„Es ist Unwissenheit oder geflissentliche Ausflucht, dies eine Anmaßung zu nennen. Gewissen! Gewissen! Wären die Bischöfe nur mehr skrupulös, wenn es auf die Kumulation" (Anhäufung) „der Pfründen, auf Geldschneiderei, Verfolgung ehrlicher und Schützung schlechter Leute ankommt! Wenn bei Mißbilligung eines bösen Streiches ein Bischof sein Gewissen kurz damit entledigen kann, daß er die dadurch sich billig zuziehenden Verweise nach seinem Sprüchwort zu den Füßen des Gekreuzigten hinlegt, so mag er einen solchen gleißnerischen Gewissenswurm auch dazu legen, wenn dieser nur noch einen Platz findet."

(Br.)

Als der Kardinalerzbischof von Wien Graf Migazzi sich auf die Pflicht seines heiligen Amtes berief, in Sachen der Kirche unterthänigste Vorstellungen zu machen, weil ihm sonst sein Gewissen bitterste Vorwürfe machen würde, bemerkte Josef:

„Diese Amtspflichten bestehen in dem von jedem Bischof dem Papst zu beschwörenden widersinnigen, in der ersten Kirche ganz unbekannten Gehorsamseide, welcher sich freilich mit der Treue und dem Gehorsam, mit welchem der Bischof als Unterthan seinem Landesherrn aus göttlichem und natürlichem Recht beigethan sein muß, nicht vereinbaren läßt."

(Br.)

„Ich hoffe, wir gehen beide zusammen den kürzesten Weg, selig zu werden, wenn wir die Pflichten des Berufs erfüllen, worein uns die Vorsehung gesetzt hat, und wenn wir dem Brot, das wir essen, Ehre machen. Sie essen das Brot der Kirche und protestiren gegen alle Neuerungen; ich esse das Brot des Staates und vertheidige und erneuere seine ursprünglichen Rechte."

(Gegen den Kurfürst Erzbischof von Trier, Oktober 1781.)

Diesen sarkastischen Brief des Kaisers an den Erzbischof beantwortete letzterer mit höchster Anmaßung und Drohung: „Ich habe mich aufrichtig gefreut, nach dem Beispiel der Apostel würdig befunden worden zu sein, um des Namens Jesu Christi willen Verachtung zu leiden." (In Wahrheit handelte es sich um die Gewalt der Ordensgenerale, um die Eigenmächtigkeit der Mönche, um römische Gelderpressungen, um die Verfluchungsbullen!) — „So groß auch jetzt die Festigkeit sein mag, womit Ew. Majestät gegenwärtig entschlossen scheinen, diese Schritte zu unterstützen, so wird ein Tag kommen, wo Sie darüber untröstlich sein werden. Möge dieser Tag nicht der Tag der Ewigkeit sein!" — Auf dies gleißnerische, Gott zum Rächer des Papstthums anrufende Schreiben antwortete Josef:

„Ew. Hoheit nehmen die Form für die Sache, da ich mich in der Religion genau an die Sache halte und nur den Mißbräuchen wehre, die sich in dieselbe eingeschlichen und ihre Reinigkeit entstellt haben. Ihre Briefe sind ganz tragisch und meine ganz komisch, und obschon Thalia und Melpomene als Schwestern auf dem Parnaß nicht immer gut zusammengehen, so erlauben Sie mir doch, den Zeitpunkt zu erwarten, wo unsere Schwestern, Abkömmlinge vom Helikon, sich näher verbinden."

Des Erzbischofs frevelhafte Weissagung hat sich nicht erfüllt. Gebrochenen Herzens hat Josef vieles widerrufen, das aber, worum es sich in diesen Briefen handelte, niemals. Dafür durften freilich noch vor 30 Jahren die Jesuiten in Wien öffentlich predigen: Kaiser Josef sei in der Hölle, und noch heutzutage wird der große Kaiser von den Päpstlingen verdammt und geschmäht.

(Br.)

„Was die Beraubung der Beneficien im Falle der Verletzung der Gesetze belangt, so haben Ew. königl. Hoheit selbst die Güte, zu erkennen, daß ich indirekt das Recht habe, sie durch Beraubung des Zeitlichen zu erhalten. Da aber das Indirekte immer die Partei des Betrügers und des Schwachen ist, so gebe ich dem Direkten den Vorzug, da ich weder das eine noch das andere bin."

(Gegen den Erzbischof und Kurfürst von Trier. Oktober 1781.)

„Meine beständige und unverbrüchliche Liebe zu unserer heiligen katholischen Religion, deren Beschützer und Vertheidiger ich von Standes wegen bin, muß ihnen" (den Bischöfen der Niederlande) „sowol als allen meinen Unterthanen in Ansehung dessen, was wahrhaft zum Glauben und zur Glaubenslehre gehört, dafür bürgen, daß ich mich allezeit ebenso sehr bestreben werde, den reinen und apostolischen Trieb der Bischöfe durch Wegräumung alles dessen, was ihn nur im geringsten hemmen könnte, zu unterstützen, als ich darauf bedacht bin, alles zu unterdrücken, was sie sich unter dem Vorwande der Religion wider meine Gerechtsame, Hoheiten und Landesherrlichkeit und wider die Wohlfahrt und Ruhe des Staates herausnehmen möchten."

(Co.)

Den Bischöfen schrieb der Kaiser die Ableistung folgenden Eides vor: „Ich schwöre zu Gott dem Allmächtigen einen Eid und gelobe bei meiner Ehre und Treue, dem allerdurchlauchtigsten 2c. Kaiser als meinem einzigen rechtmäßigen und höchsten Landesfürsten und Herrn, daß ich als ein getreuer Vasall und Unterthan in dem von mir anzutretenden bischöflichen Amte weder selbst etwas thun, noch wissentlich geschehen lassen wolle, was Ihrer Majestät Allerhöchsten Person, dem durchlauchtigsten Erzhause und dem Staate oder der landesfürstlichen oberherrlichen Macht, auf was immer für eine Weise, direkt oder indirekt an sich selbst oder in einigen Folgen nachtheilig und zuwider sein könnte. Wie ich denn auch hiermit eidlich gelobe und verspreche, daß ich allen landesfürstlichen Verordnungen, Gesetzen und Geboten ohne alle Rücksicht und Ausnahme getreulich gehorsamen, nicht minder eine solche von allen Untergebenen mit pflichtmäßiger Anhaltung derselben in genaueste Erfüllung bringen lassen und überhaupt die Ehre und das Beste Sr. Majestät und des Staates, so viel von mir abhängt, in allen Gelegenheiten betrachten und befördern wolle." — Brunner, ein Vertheidiger des römischen Papstthums gegen Josef, nennt diesen Eid einen „sehr merkwürdigen", den weder ein Bischof noch überhaupt ein Mensch, der noch etwas mehr als ein Sklave sein will, vernünftigerweise schwören könne.

„Da die Wichtigkeit eines Eides erfordert, daß solcher nur alsdann abgelegt werde, wenn er eine gewisse Wahrheit zum Stoffe und die Nothwendigkeit zum Beweggrund hat: so soll die Ablegung des Eides de immaculata conceptione" (von der unbefleckten Empfängniß Mariä) „bei allen Universitäten, Lyceen, Doktorspromotionen und größeren lateinischen Kongregationen, wo sie üblich ist, künftig weggelassen und überhaupt nach den Formeln der Gerichtseide

gleichfalls diese bei den Universitäten in Zukunft abgelegt werden."
(Verordnung, 5. Juni 1782.)

„Es ist Sr. Maj. Willensmeinung, daß ohne Verwilligung niemand die Aufsuchung einer geistlichen Würde in Rom, noch auch den Ordinarien gestattet werden solle, ohne vorläufigen landesfürstlichen Konsens, einen Vicar generalis oder auch einen Coadjutor zu bestimmen."
(Mai 1783.) (C. j.)

„Nachdem bei einer Untersuchung der wider das Priesterhaus angebrachten Beschwerden sich abermals offenbart, daß Bischöfe öfter die besten Bücher, die nicht mit ihren Prinzipien übereinkommen, verketzern und verdammen, solche auf alle mögliche Art aus den Händen ihrer untergebenen Geistlichkeit zu bringen suchen und jene, die wegen Lesung dergleichen Bücher verdächtig sind, quälen und verfolgen: so werde auf ausdrücklichen Befehl sämmtlichen erbländischen Bischöfen nachdrucksamst bedeutet, daß sie sich in Ansehung ihres unterhabenden Cleri wegen der erlaubten und verbotenen Bücher lediglich nach dem Vorgange der hiesigen Büchercensur richten und die Lesung keiner Bücher allgemein bei ihren Geistlichen verbieten, welche einmal von der Censurkommission für jedermann erlaubt und zugelassen worden sind."
(Mai 1781.) (Bru.)

„Dem bloßen Ungefähr ist die Versehung des Gottesdienstes, der Religionslehre, die Bildung und Leitung der

Seelen übergeben; wo mehrere fromme Vermächtnisse oder Fundationen gemacht werden, dort ist Ueberfluß, in anderen Orten Abgang; das Ganze einer Monarchie wird von keinem Menschen betrachtet, kurz, die Verwaltung dieses Hauptgeschäftes wird von niemand übersehen und hat keine Grundlage; ein jeder Bischof, wenn er es noch thut, sieht blos auf seine Diözese; so viel Orte, so viel Stifter, so viele einzelne Besitzer und Eigenthümer, die einzig und allein auf ihre Vermehrung in der Anzahl und im Vermögen sehen. Und auf die letzt, wenn man was rühren wollte nach Bedarf: so spricht man von dem in Rom sitzenden Papste, der, mit einer Kongregation welscher Kardinäle, so niemals weder Länder gesehen, noch Nationen kennen gelernt haben, allein den Ausschlag, und das vielleicht noch unfehlbar, für den Bedarf des Religionswesens in den katholischen Landen geben sollte. — Diese schreckliche Lage fällt mir durch mehrere Jahre immer auf. Es bleiben also zwei Wege übrig, nämlich zu sagen: der Staat übernimmt alle geistlichen Einkünfte der gesammten Monarchie und mißt einem jeden einen hinlänglichen Gehalt aus, oder erhebt den bestehenden Stand des geistlichen Vermögens, sieht, wie weit er mit demselben auslangen könne; und wo und wann sich ein wirklicher Abgang gegen den Bedarf äußert und nirgends kein Ueberfluß mehr vorhanden wäre, so ersetzt er dasselbe aus den Staatseinkünften. Ich will mich also nun an diesen geraden Weg, der zwar der weitwendigste ist, in so weit einstweilen halten, als die Unmöglichkeit, mit demselben zum Ziele zu gelangen, sich nicht äußerte, wo alsdann ersterer als der unfehlbarste müßte ergriffen werden."

(Juni 1783.) (Bru.)

„Es ist zu bedauern, und ich habe es schon oft erinnert, daß sich die geistliche Kommission mit so unnützen und unbedeutenden scholastischen Fragen abgibt und Anstände, Zweifel bei Geistlichen und Weltlichen erregt Gewissensängste und viele Rederei verursacht, während die Sache nicht einen Heller weder für die Religion noch den Staat werth ist. Ob ein Ablaß für die armen Seelen im Fegfeuer applicirt werden kann oder nicht, dies kann kein Mensch sicher wissen, und es schadet auch keinem, zu glauben oder nicht zu glauben, ob dieser Wechsel im Himmel acceptirt oder protestirt wird. Man hat so vieles wider die scholastischen Fragen der Theologie geschrieben und gelärmt, und jetzt sehe ich mit Mißvergnügen, daß man sich immer mehr und mehr neuerdings mit denselben beschäftigt und das zu ergründen gesucht, was man nicht ergründen kann. Bald sind es die Abläße, bald die Umstände der Erbsünde und dergleichen mehr. Man sucht aus alten Büchern und Vätern Sentenzen hervor, die ein bloßes Wortgepränge sind, weil sie ebenso wie jetzt eine Ueberzeugung der Geheimnisse suchten, die nicht zu finden ist, und sich also mit Wörtern ohne Sinn begnügen müssen. Ich will also dies Unwesen auf einmal aufheben, und soll sich die geistliche Kommission mit keinen in dergleichen mystischen Sachen einschlagenden Verordnungen mehr einzulassen gelüsten."

(Januar 1768.) (Bru.)

Um Maria Theresia von der dringenden Nothwendigkeit zu überzeugen, die Verhältnisse der Geistlichkeit in Galizien gesetzlich zu regeln, schrieb Josef: „Geschieht dies, so kann in allen Theilen der Nation mehr aufgeklärt und sicherer zu besseren Christen und Unterthanen gebildet werden. Geschieht es nicht, so werden beide diese Ziele verfehlt sein und alle innerlichen Einrichtungen nur Flickwerk ausmachen. Ohne die Geistlichkeit ist bei dem Volk nichts auszurichten; ohne daß sie in die Ordnung gebracht wird, ist sie mehr schädlich als nützlich. In Ordnung ist sie nicht zu bringen, wenn nicht eine wahre und stufenweise Aufsicht über dieselbe ist. Diese wird nie zu erhalten sein, so lang als Bischöfe und Ordensgeistliche für ihre Landwirthschaften sorgen müssen, so lang als sie so reichlich versehen sein werden, daß sie nur auf ein üppiges Leben sich werden verlegen können, so lang als den Bettelmönchen durch Erhaltung der Dummheit beim Volk die Ausfangung desselben zu ihrer Selbsterhaltung unentbehrlich sein wird; so lang so große Bisthümer existiren, die nicht zu übersehen sind, oder fremde Bischöfe, die auswärts wohnen und nicht unsere Unterthanen sind, in hiesigen Ländern Diözesen haben; so lang endlich jeder Unterthan, der den geistlichen Rock anzieht, von dem Staate nichts mehr zu befürchten und auch nicht viel mehr zu hoffen hat, und er durch Intriguen und Ränke, ja durch dem Staate nachtheilige Handlungen bei einem in Rom residirenden despotischen Oberen, der nicht sein natürlicher Landesfürst ist, sein Glück machen kann, während dem hier treulich fortdienenden geistlichen Seelsorger vielleicht nichts als Bedrückung bevorstünde."

(Ar.)

"Ich sehe nicht gerne, daß die Leute" (die Geistlichkeit), "denen die Sorge für das zukünftige Leben aufgetragen ist, sich so viel Mühe geben, unser Dasein hienieden zum Augenmerk ihrer Weisheit zu machen."

(Dezember 1780)

„Der Religionsfonds in meinen Staaten ist nicht dazu bestimmt, daß er ein Denkmal meiner Regierung allein werde, wie man sich in Rom zu sagen erlaubte, sondern daß er eine Wohlthat für meine Völker sei."

(An Papst Pius VI., Juli 1784)

„Wenn ich einem Kapuzinerkloster Recht gebe, weil ich glaube, daß es Recht hat, so sagen die Protestanten, ich gehe damit um, ihre Religion zu unterdrücken; finde ich dagegen einmal die Klagen der Protestanten begründet, so schreien alle Priester und Mönche, daß das Reichsoberhaupt die Religion unterdrücke."

(Rsb)

Auf einer Reise durch eine Provinz, wo der Kaiser die überschwenglichen Einkünfte der Bischöfe beschränkt hatte, um einen Theil davon zu wichtigeren Staatsbedürfnissen zu verwenden, fragte er einen Bischof in französischer Sprache, was die Bischöfe von seinen neuen Verordnungen hielten? Der Bischof gab die in der Sprache zweideutige Antwort: „Die Bischöfe glauben, Ew. Majestät suchen dadurch blos das Gute derselben." — „„Sie irren sich,"" entgegnete Josef, „„denn ihr Gutes, wenn sie welches haben, wünsche ich ihnen zu lassen und will ihnen nur ihr Böses entziehen.""

(Sch.)

Als der Kaiser 1781 in Rom beim Besuche des Vatikans, wie geboten, das Schwert nicht abgelegt hatte, zum Entsetzen aller geistlichen Herren, sagte ein Kardinal: „Er trägt das Schwert zur Vertheidigung der Kirche", um das Unerhörte zu ihren Gunsten zu deuten; Josef aber fügte hinzu: „Und weiter noch zur Vertheidigung meiner Krone!"

„Choiseul, ich kenne diese Leute" (die Jesuiten) „so gut wie irgend einer; weiß alle ihre Entwürfe, die sie durchgesetzt, ihre Bemühungen, Finsterniß zu verbreiten und Europa von Kap Finisterre an bis an die Nordsee zu regieren und zu verwirren. — Meinen Beifall in Absicht der Jesuiten und des Planes zu ihrer Aufhebung haben Sie vollkommen."

(An Choiseul, Herzog, Pair und Staatssekretär von Frankreich, Januar 1770.)

Josef selber wäre bald ein Opfer des mönchischen Fanatismus geworden. Auf einer Reise durch Galizien drängte sich ein Minorit an ihn, der, als er mit Gewalt zurückgehalten wurde, sich in der Wuth verrieth, er habe den „Erzketzer" ermorden wollen. Der Mönch wurde in ein Irrenhaus gebracht. Ein andermal erfaßte eine Nonne den Kaiser am Rocke, riß ihn mit Heftigkeit und stieß die wüthendsten Verwünschungen gegen ihn aus.

(Br.)

„Ein Institut, das die schwärmerische Einbildungskraft eines spanischen Veteranen in einer der südlichen Gegenden

Europas entwarf, das eine Universalherrschaft über den menschlichen Geist zu erwerben gesucht und in diesem Gesichtspunkte alles dem infalliblen Senat des Laterans unterwerfen wollte, mußte ein unseliges Geschenk für die Enkel Tuiskons sein."

(Juli 1775.)

„Noch ehe die Jesuiten in Deutschland bekannt geworden, war die Religion eine Glückseligkeitslehre der Völker; sie haben sie zum empörenden Bilde umgeschaffen, zum Gegenstand ihres Ehrgeizes und zum Deckmantel ihrer Entwürfe herabgewürdigt."

(Juli 1775.)

„Das Synedrium dieser Loyoliten hatte ihren Ruhm, die Ausbreitung ihrer Größe und die Finsterniß der übrigen Welt zum ersten Augenmerk ihrer Plane gemacht. Ihre Intoleranz war Ursache, daß Deutschland das Elend eines dreißigjährigen Krieges erdulden mußte. Sie sind Urheber des abschenlichen Ediktes von Nantes geworden."

(Juli 1775.) (Br.)

„Wenn ich zu irgend einem Haß fähig wäre, so müßte ich diejenige Menschengattung hassen" (die Jesuiten), „die einen Fenelon verfolgt, und welche die Bulla in coena Domini hervorgebracht, die so viel Verachtung für Rom erzeugt."

(Juli 1775.)

Inbetreff des Ediktes von Nantes meint hier Josef die Aufhebung desselben durch Ludwig XIV. — Fenelon, Bischof von Frankreich, war schon seiner Tugendhaftigkeit wegen den scheinheiligen Jesuiten ein Dorn im Auge; als er zu Gunsten der sogenannten Quietisten, welche im Gegensatz zu der äußerlichen Werkheiligkeit der Kirche nach innerer Frömmigkeit strebten, auftrat, erwirkten die Jesuiten vom Papst Innocenz XII. die Verdammung und von Ludwig XIV. die Ausweisung Fenelon's. — Die berüchtigte Bulle „In coena Domini", schon von Papst Urban V. erlassen, von Paul III. erneuert und verschärft, verfluchte alle Ketzer und Beschützer der Ketzer. Pius V. (1566—1585) erweiterte diese Bulle dahin, daß weder Priester noch Laien in Kirchensachen den Königen gehorchen dürften; sie mußte jährlich am Gründonnerstage in allen Kirchen verlesen werden. Josef verbot die Verlesung dieser Bulle und ließ sie aus dem Rituale reißen. Aufgehoben ist diese Fürsten und Völker beschimpfende Bulle noch heute nicht, obwol ihre allgemeine Verlesung eingestellt ist.

(Br.)

„In Betrachtung, daß diejenigen geistlichen Orden männlichen und weiblichen Geschlechtes, welche ein blos beschauliches Leben führen, zum Besten des Nächsten und der bürgerlichen Gesellschaft nichts Sichtbarliches beitragen, sehe ich mich veranlaßt, die Aufhebung solcher geistlichen Orden beiderlei Geschlechtes von nun an allgemein in meinen Staaten festzusetzen." (Handbillet vom 20. Dezember 1781.) — Josef hob innerhalb acht Jahren etwa 700 Klöster auf und befreite Oesterreich von etwa 36,000 Mönchen;

trotzdem blieben immer noch 1200 Klöster übrig, da Josef alle diejenigen, welche sich mit Krankenpflege, Seelsorge und Schulunterricht beschäftigten, noch bestehen ließ.

(Br.)

„Es ist allgemein bekannt, daß in den ersten frömmsten Zeiten des Christenthums, und zwar durch die ganzen ersten tausend, ja elfhundert Jahre, in der katholischen Kirche keine Bruderschaften oder abgesonderte sogenannte Liebesversammlungen bestanden, sondern die ganze Christenheit in Jesu Christo eine einzige Bruderschaft gewesen. Hieraus wird jederman den unwiderleglichen Schluß leicht selbst ziehen, daß diese nachmals erst aufgekommenen, nun so vervielfältigten und größtentheils verunstalteten Bruderschaften zur Wirkung des ewigen Seelenheiles nichts Wesentliches beitragen und also auch weder unmittelbar noch mittelbar nothwendig sind."

(Verfügung vom 22. Mai 1783.)

„Die unnützen Klöster habe ich, sowie die noch unnützeren Bruderschaften aufgehoben, den Fonds derselben zum Unterhalt der neuen Pfarreien und eines verbesserten Unterrichtes in Schulen bestimmt, und außer der Verwaltung, die ich nothwendig durch Staatsbeamte besorgen lassen muß, hat der Fonds des Staates und jener der Kirche bei mir nicht die geringste Gemeinschaft."

(An Papst Pius VI., Juli 1784.

„Se. Maj. haben anbefohlen, daß allen jenen Mönchen, welche sich eigenmächtig das Almosensammeln anmaßen und nicht hierzu die ausdrückliche Erlaubniß erhalten haben, auch sich nicht darüber in jedem Orte bei der betreffenden Herrschaft, dem Verwalter oder Richter ausweisen können, solches von nun an ernstlich verboten und sogleich eingestellt werden soll."

(Sept. 1783.) (C. j.)

„Die unermüdete Sorgfalt, welche ich seit meiner Thronbesteigung vorzüglich auf Verbreitung des Unterrichtes in den echten Grundsätzen der Glaubenslehren, auf die Herstellung der Reinigkeit und erhabenen Würde der Religion und auf die Verbesserung der Sitten gehabt, sind Beweise von dem Eifer, den ich für das Beste der Religion empfand. Von ähnlichen Absichten beseelt, habe ich endlich, um das Betteln der Mönchsorden, welches für die Religion eine Abwürdigung, für die Ordensleute selbst eine erniedrigende Beschäftigung und für den Landmann eine nicht geringe Bedrückung war, nach und nach abzustellen, denselben schon in mehrern Ländern zureichende Einkünfte anweisen lassen. — Zur Erreichung so wichtiger und heilsamer Endzwecke betrachte ich es als ein Hilfsmittel, einige der Religion und dem Staate entbehrliche, zum Theile wol auch lästige Klöster aufzuheben und einige Pfründen einzuziehen, um deren Einkünfte ihrer eigentlichen Bestimmung gemäßer zur Bedeckung des vermehrten nützlichen Aufwandes zu verwenden."

(An den Präsidenten der Geistl. und Stiftungs-Hofkommission, 28. Febr. 1782.)

„Ich habe ein schweres Geschäft vor mir; ich solle das Heer der Mönche reduziren, solle die Fakirs zu Menschen bilden, sie, vor deren geschorenem Haupt der Pöbel in Ehrfurcht auf die Kniee niederfällt, und die sich eine größere Herrschaft über das Herz des Bürgers erworben haben als irgend etwas, welches nur immer einen Eindruck auf den menschlichen Geist machen konnte."

(An den Erzbischof von Salzburg, Febr. 1781.

„Die unechten Begriffe" (des Mönchthums) „von der Religion verbreiteten sich auf den gemeinen Mann; er kannte Gott nicht mehr und hoffte alles von seinen Heiligen. Die Rechte der Bischöfe, die ich wieder einsetzen werde, müssen die Denkungsart des Volkes zum Theil mit umschaffen; ich werde den gemeinen Mann statt des Mönchs, den Priester für die Romanen der kanonisirten Leute, das Evangelium und im Religionsunterschied die Moral predigen lassen."

(An den k. k. Minister in Rom, Oktober 1781.)

„Nirgends gebe es Prediger, wo nicht Kirchen und Bethäuser sind."

(März 1782.) (C. j.)

„Da ich den Aberglauben und die Sadducäer verachte, so will ich mein Volk davon befreien. In dieser Absicht werde ich die Mönche verabschieden, die Klöster derselben aufheben und sie den Bischöfen ihres Bezirkes unterwerfen."

„In Rom werden sie das für einen Eingriff in die Rechte Gottes erklären; ich weiß es, man wird „die Herrlichkeit Israels ist gefallen" laut ausrufen, darüber Klagen führen, daß ich dem Volk seine Tribunen wegnehme und zwischen den Begriffen von Dogma und Philosophie eine Grenzlinie ziehe, noch mehr aber erbost werden, wenn ich alles das unternehme, ohne daß ich hierüber die Gutheißung von dem Knechte der Knechte Gottes habe."

(An den Kardinal, k. k. Minister in Rom, Oktober 1781.) — „Knecht der Knechte Gottes" ist sprichwörtlich für den Papst als Knecht der Jesuiten.

„Wir haben diesen Dingen" (dem Mönchsthum) „den Verfall des menschlichen Geistes zu verdanken. Nie wird ein Diener des Altars zugeben wollen, daß ihn der Staat dahin weist, wohin er eigentlich gehört, wenn er ihm keine andere Beschäftigung als das Evangelium allein läßt. — Die Grundsätze des Monachismus von Pachomius an bis auf unsere Zeiten sind dem Lichte der Vernunft gerade entgegen gewesen; sie kommen von der Hochschätzung ihrer Stifter bis zur Anbetung selbst, so daß wir in ihnen die Israeliten wieder aufleben sahen, welche gen Bethel gingen, um goldene Kälber anzubeten."

(An den k. k. Minister in Rom, Oktober 1781.)

„Die Regierung hatte bis nun nach den Regeln dieser Leute" (des Mönchthums) „beinahe kein Recht über ihre Personen gehabt, und sie sind die gefährlichsten und unnützesten Unterthanen in jedem Staat, da sie sich der Beobachtung aller bürgerlichen Gesetze zu entziehen suchen und bei jeder Gelegenheit sich an den Pontifex Maximus nach Rom wenden."

(Februar 1771.)

„Wenn ich dem Monachismus den Schleier hinweggerissen, wenn ich Andromachens Gewebe der Asketenlehre von den Lehrstühlen meiner Universitäten verbannt und den blos beschaulichen Mönch in den wirkenden Bürger umgeschaffen habe, dann mögen vielleicht einige von der Zelotenpartei anders von meinen Reformen raisonniren."

(Februar 1781.)

Schon Maria Theresia hatte der Vermehrung der Klöster Schranken gesetzt, doch bestanden 1780 in Oesterreich bei einer Bevölkerung von 25 Millionen noch 2163 Klöster mit 64.000 Bewohnern. Für die das Mönchsthum beschränkenden Gesetze rächte man sich in Rom dadurch, daß für die verstorbene Kaiserin der herrschenden Sitte zuwider kein Todtenamt in der Peterskirche gefeiert wurde. Als Josef dies erfuhr, sagte er:

„Mir gilt es gleich, ob dieser Bischof von Rom höflich oder grob ist."

(Br.)

„Das Menschenleben bringt durch Schwäche der Kindheit und des Alters, durch Schmerzen des Leibes und des Geistes, durch Unglück und Todesfall so viele unabwendbare Leiden für jederman mit sich, für den Fürsten wie für den Bauer, daß es nutzlos und widersinnig scheint, dieselben durch freiwillige Marteranstalten immer höher und höher zu steigern."

(Gegen die Mönchsklöster 1781.) (Ba.)

„Es sei zwar die Aufhebung der Klosterkerker bereits befohlen, um aber gesichert zu sein, daß von der Geistlichkeit diesem Befehle Folge geleistet worden sei, so wird befohlen, daß Kommissarien die Klöster mit genauer Sorgfalt und Vorsicht wegen Existirung der Kerker und der allenfalls darin eingesperrten Geistlichen visitiren, die etwa vorhandenen sogleich abgeschafft, die daran schuldtragenden Oberen zur Verantwortung gezogen, die allenfalls darin gesperrten Geistlichen nach Maß der schon bestehenden Befehle versorgt, derlei Oerter zu Holzgewölben oder anderen nothwendigen Behältnissen zugerichtet, die doppelten Thüren und harten Verschließungen weggethan und überhaupt all jenes auf die Seite geräumt werden soll, welches derlei Oerter zum ferneren Gebrauch für Gefängnisse machen könnte."

(Jan. 1783.) (L.)

„Ich dachte mir, daß es gar nicht recht sei, daß der Kaiser Rudolf den heimkehrenden Kreuzrittern Orden umhängt, weil diese Herren doch viel eher Kassation als Gnadenbezeugungen verdient hätten. Ich dachte das, weil diese Männer doch klüger gethan hätten, zu Hause zu bleiben und ihr Vaterland vor Räubern zu schützen, als unschuldige Völker aus Schwärmerei aufzureiben."

(Josef als Knabe über ein Gemälde.)

„Ich habe zum Grunde genommen, daß nicht die Worte, sondern das Faktum den Willen der Stifter bestimmen und dem Folge geleistet werden soll. Wer bei Ursulinerinnen Plätze stiftet, stiftet sie für die Erziehung. Es können also keine anderen Personen darin geduldet werden, als die der Erziehung unterliegen, folglich unter 20 Jahren; mit dem 20. Jahre müssen sie, als nimmer erziehungsfähig, austreten und die Plätze mit anderen, die darauf Recht haben, besetzt werden. Jene Personen, welche das Alter von 20 Jahren überschritten, haben einen Jahresgenuß zu erhalten, mit welchem sie sich um ihr anderweites Auskommen oder Dienst umzusehen haben."

(Febr. 1796. (C. j.)

3.

Josef's Toleranz inbetreff Protestanten, Juden; von Ehe, Kirche und Schule.

•

„Die Toleranz ist eine Wirkung jener wohlthätigen Aufklärung, die nun Europa erleuchtet, die die Philosophie zum Grund und große Männer zu Stiftern gehabt hat. Sie ist ein redender Beweis von den Fortschritten des menschlichen Geistes, der durch die Macht des Aberglaubens sich kühn einen Weg gebahnt, welchen Jahrtausende vorher die Zoroaster und Confuze gewandelt, und der zum Glück der Menschheit zur Heerstraße der Monarchen geworden."

(An van Swieten, Dezember 1787.)

„Der Fanatismus soll künftig in meinen Staaten nur durch die Verachtung bekannt sein, die ich dafür habe;

niemand werde mehr seines Glaubens wegen Drangsalen
ausgesetzt, kein Mensch müsse künftig genöthigt sein, das
Evangelium des Staates anzunehmen, wenn es wider seine
Ueberzeugung wäre, und wenn er andere Begriffe von der
Glückseligkeit habe. Die Scenen der abscheulichen Intoleranz
müssen ganz aus meinem Reiche verbannt werden."

(An van Swieten, Dezember 1787.

„Bis nun war die evangelische Religion in meinen
Staaten niedergedrückt, die Bekenner derselben wie Fremde
behandelt, bürgerliche Rechte, der Besitzstand von Gütern,
Würden und Ehrenstellen, alles war ihnen geraubt. —
Schon bei Anfang meiner Regierung war ich entschlossen,
das Diadem mit der Liebe meines Volkes zu zieren, Grundsätze in dem Verwaltungssystem zu äußern, die ohne Unterschied großmüthig und gerecht wären; demzufolge erließ ich
die Duldungsgesetze und nahm das Joch hinweg, welches die
Protestanten Jahrhunderte gebeugt."

(An van Swieten. Dez. 1787.) (Br.)

„Die offenen Erklärungen von Irreligion überzeugen
mich immer mehr von meinen Grundsätzen: Glaubensfreiheit,
und es wird nur noch eine Religion geben, welche die sein
wird, alle Einwohner gleicherweise auf das Wohl des Staates
hinzulenken. Ohne diese Methode wird man nicht mehr
Seelen retten, und man wird wol mehr nützliche und nothwendige Körper verlieren. Die Sachen halb thun, das paßt

durchaus nicht in meine Grundsätze; man muß entweder ganze Freiheit des Kultus gestatten oder alle diejenigen aus dem Lande weisen, welche nicht das glauben, was Sie glauben, und welche nicht dieselben Formen annehmen, um anzubeten und demselben Gott und demselben Nächsten zu dienen. Welche Macht maßt man sich an? Darf sie sich über die göttliche Barmherzigkeit erstrecken, die Menschen zu richten, wider ihren Willen retten zu wollen und den Gewissen zu befehlen? — Sobald der Dienst des Staates geschieht, die Gesetze der Natur und der Gesellschaft beobachtet werden, Ihr höchstes Wesen nicht mißachtet, sondern geachtet und verehrt wird — was haben Sie noch auf andere Dinge einzugehen? — Der heilige Geist möge die Herzen erleuchten; Ihre Gesetze werden dadurch niemals von ihrer Wirkung abweichen. Dies ist meine Art zu denken; die vollkommene Ueberzeugung wird mich hindern, fürchte ich, mein ganzes Leben davon abzuweichen."

(An Maria Theresia, 5. April 1777.)

„Gott behüte mich, daß ich es für gleichgiltig halten sollte, ob die Unterthanen Protestanten oder Katholiken sind. Ich wollte alles darum geben, daß die Protestanten in den kaiserlichen Erblanden sämmtlich zum Katholicismus überträten. Meine Meinung ist nur, daß ich ihnen erlauben würde, Land zu besitzen und Bürger zu sein."

(An Maria Theresia, 1777.) (Re.)

„Gleichwie die Aufrechthaltung der alleinseligmachenden katholischen Religion, deren Aufnahme und Verbreitung, die nur durch Unterricht und wahre Ueberzeugung am sichersten erreicht werden mag, unveränderlich Sr. Majestät theuerste Pflicht und angelegenste Sorgfalt bleibt: also würde auch derselben landesväterlicher Wunsch immer dahin gerichtet sein, daß ohne Ausnahme deren Unterthanen eben dieser heiligen Religion, deren Beförderung Sr. Majestät so sehr am Herzen liegt, aus freiwilliger Ueberzeugung anhängen und auf diesem sichersten Wege ihr Heil wirken möchten. Weit entfernt aber, zu dem Endzweck dieser erwünschten Uebereinstimmung jemals einigen Zwang anzuwenden, oder was immer für Mittel, außer der nützlichen Aufklärung und des liebevollen Unterrichts, auch guten Beispiels zu gebrauchen, haben Se. Majestät sich gnädigst bewogen, der Menschenliebe und selbst deren erklärten Absicht wol angemessen befunden, auch diejenigen von dero Unterthanen, welche Kenntniß und Ueberzeugung dem Schooß der heiligen Kirche noch nicht einverleibt hat, und die vielmehr einer der protestantischen, in den Erbanden tolerirten Kirchenreligionen zugethan zu sein sich erklären, fortan die Duldung und die Ausübung ihrer Religion nach der bestimmten Vorschrift der schon ergangenen Kundmachung zu bewilligen."

(Kaiserliche Verordnung.) (Co.)

„Könnte man denselben" (den protestantischen Einwanderern in Galizien) „nicht in Privathäusern ein Oratorium zur Ausübung ihres Gottesdienstes eingestehen? Sollte denn dies so gottbeleidigend sein? Die in allen Ländern

zerstreuten und hier nur gar zu häufigen Juden haben
so viel Synagogen, als sie nur immer wollen. Diese sind ja
nicht einmal Christen; der Himmel ist ihnen ja völlig ver-
sperrt; sie thun ja die größten Lästerungen gegen die heiligste
göttliche Person herausstoßen. Warum diese Leute toleriren,
die dem Land noch dazu schädlich sind, die nichts arbeiten,
vom Betrug leben?! Und warum nicht, wie in Ungarn und
Schlesien, einigen Protestanten privative den Gottesdienst nur
toleriren, welche die besten und arbeitsamsten Unterthanen
sind, die Fabriken, Wissenschaften, Geld, Handel und Manufakturen hier einführten und mit sich brachten, und dies wahr-
lich das einzige Mittel ist und der nicht mehr kommende
Zeitpunkt, an welchem dies Land emporgebracht werden
könnte?!"

Aus Galizien, an Maria Theresia. (Nr.)

"Das Wort Toleranz begreift in sich, daß ohne Unterschied für jene der herrschenden und jene der drei geduldeten
Religionen, in was immer für Aemtern und Diensten,
größeren und niederen, welche auf das Religionswesen und
die Erziehung der Jugend unmittelbar keinen Einfluß haben,
in der Auswahl und Anstellung blos die Rücksicht auf die
Fähigkeit und Rechtschaffenheit genommen werden solle,
welches allen zu bedeuten und von ihnen zu beobachten ist."

(März 1785.)

"Für niemand, der Talente und Fähigkeiten besitzt
und einen unbescholtenen christlichen Lebenswandel führt,

soll die Religion hinfort irgendwo ein Hinderniß der Anmel-
dung sein. Auch soll das Recht, liegendes Eigenthum zu
besitzen, Bürger und Meister zu werden, sowie zu akademischen
Würden zu gelangen, den Nichtkatholischen hinfort gebühren
ohne Unterschied der Orte, wo sie bisher kraft besonderer
Gesetze davon ausgeschlossen waren."

(Toleranz Edikt vom 13. Okt. 1781.)

„Dieser Mensch" (der sich für katholisch ausgegeben,
in der Hoffnung auf schnellere Beförderung) „ist simpliciter
zu entlassen, cum causali, nicht, weil er von einer anderen
Religion ist, aber weil er sich für katholisch ausgegeben und
es nicht ist, also mit Falschheit umgegangen."

(Dez. 1780.) (Mey.)

„Die Geistlichkeit habe sich von allen Kontroversen
und Schmähungen auf der Kanzel, bei den Christenlehren
und im Umgange zu enthalten, nur die Lehre Jesu Christi
und der katholischen Kirche auszulegen, ihre Gründlichkeit
und Nutzbarkeit ohne Sticheleien auf Glaubensgegner darzu-
thun; die Religion, die Sittenlehre mehr den Menschen ein-
zuprägen und anzuempfehlen, als Gelehrsamkeit und theologische Zwistigkeiten dem sie nicht begreifen könnenden
Volke auszukramen."

(Jan. 1782. (L. j.)

„Es muß sowol den katholischen als nichtkatholischen
Seelsorgern nachdrücklichst anempfohlen werden, daß sie ihren

anvertrauten Pfarrkindern Liebe und Freundschaft gegen ihre in Religionssachen verschieden denkenden Mitunterthanen bestens einbinden sollen, und muß hierwegen auch zugleich der Auftrag an die Wirthschaftsämter geschehen, darauf ein stets wachsames Auge zu tragen, damit ein solches von beiden Theilen immerhin beobachtet werde."

(Mai 1785.) (Mev.)

„Sowie den Nichtkatholischen ihr Gewissen und Glauben freigestellt werde, so dürfen sie im Gegentheil sich nicht unterfangen, ihre katholischen Mitbürger, Kinder oder ihr Gesinde zu ihrer Religion durch Drohungen oder Verachtungen zu zwingen oder anzuhalten; dann noch viel weniger Schmähungen oder Thätlichkeiten auszuüben, den Gottesdienst einer anderen Religion zu verachten oder zu verschmähen, oder sich gar an Kirchen, Bildern, Statuen oder anderen zur Religion gehörigen äußeren Sachen zu vergreifen. Ferner sollen sie sich in den Wirthshäusern und bei allen Zusammenkünften von allen Religionsgesprächen, noch mehr aber von aller Verachtung und Verschmähung enthalten. Dagegen sollen auch die katholischen Unterthanen ihren irrenden Brüdern alle Liebe und Gewogenheit bezeigen und sich ebenfalls von allen Streitigkeiten über den Glauben, folglich auch um so mehr von Schmähungen und Thätlichkeiten enthalten."

(Jan. 1782.) (Mev.)

„Die Behörden haben keinen Haß oder Abneigung gegen jene Unterthanen zu zeigen, die sich sonst ruhig verhalten und sich allein zu einer anderen Religion bekennen, noch weniger aber in Begünstigungen oder Strafen wegen sonstiger Vergehen deswegen einen Unterschied zu machen, vielmehr ihnen mit Sanftmuth und Liebe zu begegnen; — wenn die nichtkatholischen Unterthanen zusammenkommen, um ihre Gebete zu verrichten, oder zu lesen, und wenn sie sich sonst ruhig verhalten, sie gar nicht zu stören, und dieses noch weniger, wenn solches zu der Stunde geschähe, wo die Katholischen ihren Gottesdienst haben. — Wenn wegen Thätlichkeit, Schmähungen u. dgl. eine Strafe nöthig wäre, sei ihnen allemal klar und deutlich zu sagen, warum es geschehe, und daß es keineswegs ihres Glaubens wegen sei, wobei auch genau zu beachten komme, daß, wenn zugleich Katholische den Anlaß gegeben hätten oder in derlei unruhigem Betragen verflochten wären, sie ebenfalls unnachsichtlich bestraft werden sollen."

(Jan. 1782.) (C. j.)

„Es soll im ganzen Königreiche unabänderliches Gesetz sein, daß keiner wegen der Religion, es sei denn, er handelte wider die bürgerlichen Gesetze und die allergnädigsten königlichen Befehle, oder er beginge ein die öffentliche Ruhe störendes Verbrechen — an Geld oder Leibe bestraft werden kann. — Daher befehlen auch Se. Majestät, daß die Katholischen sich von allen Schmähungen und beleidigenden Vorwürfen gegen die Nichtkatholischen sorgfältig enthalten; hingegen aber auch diese alle spöttischen Ausdrücke zu vermeiden beflissen sein sollen."

(C. j.)

„So lang sich die irrgläubigen Landeseinwohner ruhig und friedlich betragen, ist ihre Bekehrung lediglich der unendlichen Barmherzigkeit Gottes und der bescheidenen Mitwirkung der Geistlichkeit zu überlassen."

(Hofdekret vom 30. Juni 1781.)

„Wenn die Einwohner eines Ortes ihre Pastoren dotiren und unterhalten, ist ihnen auch deren Auswahl zu überlassen; thun solches aber die Obrigkeiten, so muß diesen das Jus praesentandi eingestanden werden; die Konfirmation bleibt immer dem Landesfürsten vorbehalten, so daß entweder, wo protestantische Konsistoria sind, durch dieselben, oder wo keine sind, durch die Länder- und Hofstellen diese Konfirmation ertheilt werde."

(1781.) (Mey.)

„Einzelne Innwohner einer solchen Religion, welche bei einer Gemeinde mit keinem Friedhofe versehen sind, sollen in dem vorhandenen Gottesacker auch anderer Religionen begraben werden, und der nächste Geistliche der Religion, zu welcher der Verstorbene sich bekannt hat, muß die Dienste verrichten; könnte er aber zur rechten Zeit nicht herbeigeholt werden, so muß die in dem Orte anwesende Geistlichkeit die Leiche zur Grabstätte begleiten." — „Reisende anderer Religionen, als welche im Lande tolerirt werden, müssen ebenfalls in dem vorhandenen Kirchhofe, er mag gemeinschaftlich oder einer besonderen Religion eigen sein, auf-

genommen werden, und der im Orte anwesende Geistliche muß
die Dienste verrichten."
(Juni 1785)

„Die katholischen Priester sollen, wenn sie nicht gerufen
werden, sich den nichtkatholischen Kranken nicht aufdrängen;
wenn aber der Kranke dieselben verlangt, sollen dessen Un-
verwandte oder die Prediger den Zutritt des katholischen
Priesters zu gestatten gehalten sein. — Ferner soll es den
nichtkatholischen Predigern, die Gefangenen ihrer Religion,
nicht nur wie es bisher verfügt worden, in ihren Gefäng-
nissen zu besuchen, sondern auch zum Richtplatze zu begleiten,
freistehen und erlaubt sein."
(S. j)

„Um sich dessen, daß die Berufung eines katholischen
Geistlichen nicht verhindert werde, zu versichern, wollen
Se. Majestät als ein Vorrecht der herrschenden Religion
gestatten, daß der katholische Seelsorger derlei nichtkatholische
Kranke von sich selbst und ohne daß er eigens berufen werde,
einmal besuchen, ihnen seinen christlichen Beistand anbieten
und falls derlei Kranke ein Verlangen, zur katholischen Religion zurückzukehren und in derselben zu sterben, äußern
sollten, ihnen sodann allen hierzu erforderlichen Beistand leisten
möge. Wobei jedoch diesen Seelsorgern ernstlich zu befehlen
sei, daß sie in solchen Gelegenheiten aller möglichen Beschei-
denheit, Sanftmuth und christlichen Liebe sich zu gebranchen,
sich hierbei aller Zudringlichkeit zu enthalten, folglich, wenn

der Kranke sich ihres Beistandes nicht gebrauchen wollte,
sie sich auch ohne weiteres zu entfernen hätten."

(Jan. 1782.) (C. j.)

„Die Ehe als bürgerlicher Vertrag und die dar=
aus fließenden Gerechtsame und Verbindlichkeiten erhalten
ihre Kraft und Bestimmung ganz allein von den landes=
fürstlichen Gesetzen."

(Ehepatent vom 16. Jan. 1783.)

„Unsere Religion, die die Grundlage der Gesetze ist,
gestattet dem ledigen Mann eine ledige Weibsperson, die
ihm nicht in verbotenen Graden verwandt ist, zu heirathen.
Sie befiehlt es keinem, sie schließt keinen aus."

„Ahnenstolz und gesellschaftliche Vorurtheile haben
die Mariages de conscience (sogen. Gewissenehen zwischen
adeligen Männern und bürgerlichen Mädchen) erfunden; sie
sollen künftig nicht mehr bestehen, das ist: sie sollen in ihrer
Wirkung allen übrigen Ehen vollkommen gleich gehalten
werden. Eine That, die man öffentlich zu begehen erröthet,
darf auch im geheimen nicht geschehen. Wer von seinem
zeitlichen Glück und Vergnügen überzeugt, sie zu vollführen
sich entschließt, soll auch standhaft genug sein, dem Vorur=
theile zu trotzen."

(Ehepatent von Anfang des J. 1783.) (Ba.)

„Se. Majestät haben entschlossen und befohlen, daß dort, wo Stiftungen auf Prozessionen nach entfernten Oertern oder auch nach näheren Kirchen, aber in größerer als der gesetzmäßigen Anzahl vorhanden sind, solche" (die Stiftungen) „zum Besten der Erziehung der Jugend sogleich auf das nützlichste zu verwenden getrachtet werden sollen, da eine solche Benutzung weit gottgefälliger als die Prozessionsgänge seien, auch durch die schon verbotene Ausführung derlei Wallfahrten die Erfüllung des Willens der Testatoren unmöglich werde und also die dermalige Verwendung dahin auszudeuten und zu erläutern sei."

(Jan. 1783.) (C. j.)

„Es ist der in den meisten Kirchen bestehende, zur Ableitung des gemeinen Mannes von der echten zur sinnlichen, unechten und äußeren Andacht, den Nichtkatholischen aber zum Spott Anlaß gebende Mißbrauch ohnehin bekannt, vermöge welches den Statuen und Bildern besondere Kleidungen, Hemde, Strümpfe, Schuhe angelegt, Perrücken aufgesetzt, goldene, silberne und andere Herzen, Füße, Hände, Ringe und dergleichen angehängt und andere Putzwerke beigebracht werden. Nun ist nichts mehr zu wünschen, als daß alles dies zur Seite geräumt und dafür nach Umständen nothwendige Kircheneinrichtungen, oder falls deren kein Mangel, statt dieser meistens elend gestalteten oder gemalten Statuen und Bilder bessere und kunstmäßige beigeschafft werden. Desgleichen sind die inneren Wände vieler Kirchen mit Opfern, Opfertafeln, hölzernen Füßen, Krücken, Säbeln, Panzern, Ketten und dergleichen Zeugnissen meistentheils unerwiesener Wunderwerke mehr verunstaltet als geziert, und daher ist allerdings auch dahin zu sehen, daß solche, ohne bei dem Volk ein Aufsehen zu erregen, nach und nach weggeschafft, und diese Opfer, insoweit sie einen inneren Werth haben, viel gedeihlicher zur Vergrößerung des Kirchenfonds verwendet werden mögen."

(Febr. 1784.) (C. j.)

"Se. Majestät haben befohlen, daß von nun an die Beleuchtungen und das Zuküssengeben der Reliquien, da dadurch das an das Aeußerliche allzu gewöhnte Volk von der ihm als Pflicht obliegenden Anbetung Gottes ab- und zu der Verehrung der Kreaturen zu sehr hingeleitet wird, dies aber dem Begriffe der wahren Verehrung nicht entspreche; wie auch das zum Aberglauben öfter führende Anrühren der Bilder, Rosenkränze, Pfennige, Kreuze u. dgl. an die Reliquien eingestellt; dann allen Manns- und Frauenklöstern und selbst der Weltgeistlichkeit die Verfertigung oder Austheilung der Amulete und die den Begriff der aufgehobenen Brüderschaften nur noch nährenden Skapulire und Gürtel untersagt; auch niemand mit geweihten oder für geweiht ausgegebenen Kerzen, Rosenkränzen, Rauchwerk und anderen dergleichen Sachen zu handeln erlaubt werden solle."

(April 1784.) (C. j.)

"Se. Majestät haben die höchste Gesinnung geäußert, daß jene Aussetzungen der Reliquien, mit welchen ein sehr auffallender Prunk verbunden wird, oder wobei die Reliquien selbst über das Hochwürdigste hinaufgestellt oder in der Mitte des Altars, wo der für das Hochwürdige gebührende

Ort ist, mit zwei oder mehrern daneben stehenden Leuchtern und brennenden Kerzen ausgesetzt zu werden pflegen, und andere dergleichen Aussetzungen, wodurch das an das Sinnliche sehr gewöhnte Volk leicht von der ihm als Pflicht obliegenden Anbetung ab- und vielmehr zur Verehrung der Reliquien der Heiligen hingeleitet werden kann, beschränkt werden mögen." (Mai 1784.) (C. j.)

Der Kaiser ließ die Geistlichkeit auffordern, das Volk zum Arbeiten an den aufgehobenen Feiertagen zu ermahnen; die Pfarrer sollten dabei mit gutem Beispiele vorangehen, indem sie an solchen Tagen das in ihrem Brote stehende Gesinde mit guter Art zur Arbeit anhalten.

(Dez. 1781.) (Bru.)

„Se. Majestät haben resolvirt, daß der Austrieb des Viehes unter dem Verbote wegen Feierungen der Sonn- und Festtage keineswegs inbegriffen, sondern das Vieh an diesen gebotenen Tagen wie sonst auf die Weide zu treiben sei; nur habe man Sorge zu tragen, daß die Halter oder Hüter abwechslungsweise an diesen Tagen den geistlichen Unterricht erhalten." (Juli 1783.) (C. j.)

„Eine Reihe trauriger Erfahrungen setzt es außer allen Zweifel, daß die durch das Glockengeläute in Bewegung gesetzten Metalle, statt die Gewitterwolken zu zerstreuen, vielmehr den Blitz anziehen und die Gefahr vergrößern. In diesem Jahre besonders ist die schädliche Wirkung des Läutens von allen Orten her durch sehr häufige Beispiele von Menschen, die bei dem Läuten selbst durch den Blitz getödtet, von Thürmen und Kirchen, die vom Blitzstrahl gezündet worden, nur zu sehr bestätigt. Wir sind daher überzeugt, unsere Unterthanen werden es als einen Beweis unserer Sorgfalt für ihr Bestes ansehen, daß wir durch gegenwärtige Vorschrift das Läuten bei einem Gewitter verbieten."

(Nov. 1783.) (C. j.)

„Das zu Steyer gedruckte abergläubische Buch ist zu supprimiren, der Censor aber, welcher mir namhaft anzuzeigen, über dessen Zulassung zur Verantwortung zu ziehen."

(Bücher, welche Aberglauben verbreiten sollten, fanden vor den Augen Josef's keine Gnade.)
(April 1781.) (Mey.)

„Ihre" (der Juden) „Religionsübungen und Gebräuche, die nicht wider die allgemeinen Gesetze streiten, können sie ungestört fortsetzen; die aber dagegen stritten, da wäre alsdann jedem freizulassen, entweder von seinen Religionsgebräuchen nach Zeit und Umständen als eine Ausnahme sich zu entfernen, oder aber den Vorrechten, die er als Bürger des Staates genießt, zu entsagen und mit Zahlung des Abfahrtsgeldes außer Land zu gehen. — — Es ist für den Staat eine nutzbare Handlung, etliche hunderttausend Seelen von dieser Religion, die sich in dessen Provinzen befinden, wie alle anderen Einwohner und Christen zu benutzen, für sie aber das größte Glück, mittels Erhaltung ihrer vollkommenen Religionsfreiheit allen anderen Bürgern des Staates in allen ihren Vorrechten gleichgehalten zu werden, wodurch also aller Zwang und alle Verachtung auf einmal aufhörten: — Vorrechte, so sie nirgends genießen."

(Patenteuwurf über das neue Judenſyſtem in Galizien vom 19. Mai 1788.)

„Den Juden wird erlaubt, alle Gewerbe und Nahrungsverdienſte zu treiben, die allen anderen Landeseinwohnern geſetzmäßig und nach Vorſchriften geſtattet ſind. — Den Juden ohne Ausnahme iſt der Beſuch aller Schulen ſo gut als den Chriſten und die daraus folgenden Doktorswürden nebſt der Fähigkeit zu allen Anſtellungen wie immer ohne Ausnahme zu geſtatten. Sie dürfen allen Handel und Wandel ungeſtört treiben und ſind nur an die für Handelsleute beſtimmten allgemeinen Geſetze gehalten."

„Die Juden können nicht allein Herrſchaften, Häuſer und Gründe kaufen und beſitzen, ſondern um ſie noch mehr zum Ackerbau anzueifern, haben ſie die auf ſie ausfallende Schutzſteuer von 4 fl. in natura, in was immer für Feldfrüchten, gegen marktgängige Preiſe abzuführen; dies wird auch nur die erſten Jahre nöthig ſein, bis die Nation endlich überzeugt ſein wird, ſich auch durch den Ackerbau ihren Nahrungsverdienſt zu erwerben."

„Meine Gesinnung geht dahin, daß sich die Juden, um sich zu nutzbaren Gliedern des Staates zu bilden, so viel möglich auf den Ackerbau und andere nützliche Handwerke verwenden sollen, wie ich denn auch in dieser Rücksicht denselben in dem neuen auszuarbeitenden System verschiedene Befugnisse und Begünstigungen eingeräumt habe."

(Juli 1784.)

„Die Juden sollen sich in allen Gesetzen und Formen, sowol in Gerichts- als in anderen Angelegenheiten so wie die Christen fügen, auch, die Rabbiner ausgenommen, keinen Unterschied mehr in ihren Kleidungen haben, sondern sich nach der landesüblichen Art kleiden; indeß soll kein Mensch durch Strafe dazu gezwungen werden, da an der Kleidung und Haartragung, besonders bei den Weibern, sehr wenig gelegen ist."

„Die Juden werden in allen für Christen bestehenden Gesetzen, sowol in Unterhaltung der Armen ihrer Gemeinde, wie der Abschaffung der Bettler und Landstreicher gleichgehalten, nur mit dem Unterschiede, daß, bei jetzt eingeführter vollkommener Freiheit, in den vermischten Gemeinden der wahre Arme, er sei nun Christ oder Jud, von den eingehenden Almosen, sowol von Christen als Juden, gleich unterstützt werden muß."

(Judenpatent-Entwurf vom 19. Mai 1789.)

„Man würde meinen Anordnungen die unrichtigste Auslegung geben, wenn man deren Absicht dahin zu geben vermeinte, durch die verwilligten Begünstigungen die Judenschaft so, wie sie jetzt ist, in meinen Staaten mehr zu vermehren oder ihrer Bevölkerung, wenn sie nicht nutzbarer wird, einen weiteren Zuwachs zu verschaffen. Der Unterricht, die Aufklärung und bessere Bildung dieser Nation ist immer nur als der Hauptendzweck dieser Verordnung anzusehen; die erweiterten Nahrungsmittel, die nutzbare Verwendung ihrer Arme und die Aufhebung der gehässigen Zwanggesetze und Verachtung bringenden Unterscheidungszeichen sollen, eines und das andere, verbunden mit dem benöthigten besseren Unterricht und der Aufhebung ihrer Sprache" (bei allem was eine Verbindlichkeit in gerichtlichen und außergerichtlichen Handlungen haben soll, bei dem einzigen Gottesdienste ausgenommen) „den Vorschub geben, mit Ausrottung der dieser Nation eigenen Vorurtheile sie aufzuklären, dadurch entweder sie zu Christen zu bilden, oder doch ihren moralischen Charakter zu bessern und sie zu nützlichen Staatsbürgern auszubilden, und bei der folgenden Nachkommenschaft wird wenigstens ganz gewiß dieses erhalten werden."

(Oktober 1781.) (Mey.)

„Jeder Taufpathe geht eine geistliche Verbindung mit der Person, die er aus der Taufe hebt, ein, er ist schuldig, sein Mögliches zu deren christlichem Lebenswandel beizutragen. Aus dieser Ursache habe ich auch, weil ich in Galizien mehrere Fälle von getauften erwachsenen Jüdinnen gesehen habe, welche blos Christinnen geworden sind, um theils mit ihren Taufpathen, theils mit anderen einem liederlichen Lebenswandel leichter nachhängen zu können, — diesen Befehl erlassen, daß sich die Taufpathen allemal verbindlich machen müssen, für derlei getaufte Jüdinnen Sorge zu tragen und sie nicht dergestalt von sich zu verstoßen, daß solche Personen, die ohnehin die schlechteste Erziehung erhalten haben und nicht wissen, was Christenthum ist, gleichsam genöthigt werden, in einen liederlichen Lebenswandel zu verfallen. Es muß also für diese getauften Jüdinnen von ihren Taufpathen entweder bei ihnen selbst oder sonst außer dem Hause gesorgt und dieselben durch das Kreisamt oder den Magistrat dazu verhalten werden." (Dezember 1786.) (Mey.)

"So nothwendig die wegen Entfernung der so feuergefährlichen schlechten Judenhäuser in Lemberg von mir jüngst ertheilte Entschließung war, so wenig kann dieselbe auf die Nation und Religion der Juden und ihre in Bestand habenden Gewölbe ausgedeutet werden, da sie in Ansehung solcher allen übrigen Kontrahenten mit den christlichen Hausinhabern gleichzuhalten sind." (April 1786.) (Mey.)

"Ich bin zwar kein Theolog, bin nur Soldat; aber so viel weiß ich doch, daß zum Himmel nur ein Weg führe, also nur eine Lehre; ich hoffe, Sie werden in Ihren Schulen auf diese einzige Lehre halten, auf die Lehre Jesu Christi."

(Zu den Professoren des Kollegiums zu Pavia.)

„Wir müssen zuvörderst für den Klerus eine Pflanzschule errichten, worin die Zöglinge in dem gefährlichsten Alter der Leidenschaften durch Erziehungsgrundsätze vor dem Verderbniß der Sitten bewahrt, alle mit dem nämlichen Geist der Liebe und des Eifers für unsere heilige Religion beseelt, mit der praktischen Ausübung der Tugenden und vorzüglich der christlichen Liebe bekannter gemacht und diese ihren jungen Herzen eingepflanzt und gleichsam zur Natur gemacht werden kann; indessen ein solider und aufgeklärter Unterricht ihnen zu gleicher Zeit die nämlichen Grundsätze, die nämlichen Maximen, die nämliche Methode und den nämlichen Eifer gewähren wird, um einst die ihrer Seelsorge anvertrauten Gemeinden zur Liebe und zur praktischen Ausübung unserer heiligen Religion anzuführen. Wenn endlich das theologische Studium auch mit anderen nützlichen Wissenschaften verbunden wird, so kann es nicht fehlen, daß in kurzem aus dieser Pflanzschule eine Reihe von Religionsdienern hervorgehen werde, die, da sie mit vereinten Kräften zu dem nämlichen Zwecke arbeiten und mit der Uebermacht ihrer Einsichten auch zugleich exemplarische Reinigkeit der Sitten und tägliche Ausübung christlicher Tugenden verbinden, mit dem besten Erfolge den Lauf des Sittenverderbnisses hemmen werden, welches der Religion nicht weniger als dem Wohl des Staates nachtheilig ist."

―――――――――

„Was wesentlich ist, besteht in dem, daß man sich mit dem Unterricht der Geistlichkeit nach ihrer Bestimmung und mit hinlänglicher Versehung desselben beschäftige. Die Belehrung muß in den allgemeinen und nachher in den bischöflichen Seminarien allein gesucht werden, sie muß aber dem

Bedarf und der Verordnung angemessen sein. Nicht jeder zum geistlichen Stand sich Widmende muß ein eminentes Subjekt oder primae classis sein in seinen Studien. Die Erlernung der so beschwerlichen Hermenentik lehrt weder Genügsamkeit einem Kaplan, noch vermehrt solche seine Menschenliebe, noch gibt es ihm Füße und Kräfte zur Ersteigung beschwerlicher Gebirge und Wege, um die Kranken zu besuchen, die Sakramente zu administriren; wie kann man glauben, daß, nachdem man unter dem Namen einer Lehre und Aufklärung allen Enthusiasmus den jungen Leuten in ihren Studien benimmt, sowol gar Zweifeln, vielleicht ihnen über die Religion selbst und ihre unergründlichen Wahrheiten, überläßt, daß Eltern, Vormünder, welche doch der Kinder Beruf leiten, ja Jünglinge selbst dem geistlichen Stande sich widmen und ihn vermählen werden, vor allem anderen, wo ihnen nur so viele Beschwerlichkeiten und eine so geringe Aussicht bevorsteht; denn das Motivum supernaturale müssen wir ganz auf die Seite setzen, sobald das Enthusiastische gemindert wird. Es ist also nicht zu verwundern, wenn der Beruf zum geistlichen Stande sich jetzt sehr vermindert, sondern auch die gänzliche Anfliegenheit an nöthigen Subjekten sich in wenigen Jahren ganz darstellt."

„Man hat wohlbedächtlich und nach Pflicht die Pfarreien und Lokalkaplaneien an allen Orten vermehrt, man hat ebenfalls die unbescheidliche Anlockung und Anreizung der Ordensgeistlichen, wodurch sie Jünglinge von 15 Jahren in ihre Garne zogen, die sie in der Dummheit erhalten mußten, um sie ihr Unglück nicht fühlen zu lassen, aufgehoben und

ihre Gebräuche, Kleidung, Strenge lächerlich und verächtlich
gemacht."
(Jan. 1788.) (Beu

„Es muß nichts den jungen Leuten" (auf den Univer=
sitäten) „gelehrt werden, was sie nachher sehr selten oder gar
nicht zum Besten des Staates gebrauchen oder anwenden
können, da die wesentlichen Studien in Universitäten nur für
die Bildung der Staatsbeamten dienen, nicht aber blos zur
Erziehung Gelehrter gewidmet sein müssen, welche, wenn sie
die ersten Grundzüge wohl eingenommen haben, nachher sich
selbst ausbilden müssen, und ich glaube nicht, daß ein Beispiel
sei, daß von dem bloßen Katheder herab einer es geworden sei."
(Nov. 1781.) (Mey.)

„Besonders soll man den Zöglingen Gelindigkeit und
Liebe empfehlen und ihnen Abscheu vor jenem theologischen
Hasse predigen, wodurch man immer sehr schlecht vom Gegen=
theil denkt und urtheilt und womit die Gemüther der Gegner
nur noch mehr erbittert und von uns entfernt werden. Unter=
richtet von dem Wesen der wahren christlichen Toleranz,
werden sie Wahrheit und Irrthum nicht gleich schätzen, aber
doch Frieden mit den Glaubensgegnern haben, sie mit Ge=
fälligkeit lieben, und kommt es wirklich einmal zu einem
Streit mit ihnen, nie wie Feinde, sondern friedevoll wie
Freunde mit ihnen handeln und ihre Fehler bestreiten, ohne
die Person zu beleidigen, da dieses allein die Art ist, womit
man ganz ohne Nachtheil der reinen Lehre die Scheidewand,

die uns trennt, wegräumen und sie nach dem Wunsche eines jeden rechtschaffenen Mannes mit uns vereinigen kann."

(Neues Regulativ des deutsch-ungarischen
Kollegiums zu Pavia, Febr. 1783.)

„Die Zöglinge sind besonders zu gewöhnen, genau darauf zu sehen, worin wir mit Leuten, die außer unserer Kirche sind, miteinander übereinkommen und worin wir mit ihnen uneins sind. Bei welcher Betrachtung sie einsehen werden, es gebe nicht so viele Punkte, in welchen wir von ihnen unterschieden sind, als der Pöbel polemischer Theologen meint."

(Neues Regulativ vom 3. Febr. 1783 des geistlichen
Instituts „Sapienza" in Pavia.) (F. B.)

„In Beziehung solcher Anstalten, die wir zum Vortheile der Religion, zur besseren Einrichtung der Kirchenzucht und in Ansehung derselben zur rechtmäßigen Ausübung in landesherrlicher Gewalt in unseren Kirchen und Staaten nach reifer Ueberlegung getroffen haben, sind wir von den richtigen Grundsätzen, den Beweggründen und dem Endzwecke, so und nicht anders zu handeln, so fest überzeugt, daß es nicht möglich ist, etwas auszusinnen oder beizubringen, was uns eines anderen bereden oder von unserem Unternehmen abzustehen jemals bewegen könnte."

(An den Papst, Jan. 1782.)

„Es muß fördersamst auf die Einführung einer guten Disziplin und Schulzucht das Augenmerk gerichtet werden, da eine gesittete, sittsame, ordentliche Jugend nothwendiger als eine gelehrte ist."

(April 1781.) Mey

„Umsichtsvolle Eltern halten es für Pflicht, ihre Söhne dem öffentlichen Unterricht zu entziehen, weil dieser größtentheils nur im Memoriren, also in einem leeren Gedächtnißwerke, besteht, keineswegs aber die Jugend zum eigenen Nachdenken und Reflektiren anleitet; weil man nur die Außenseite zu schmücken sucht und durch Beibringen oberflächlicher Kenntnisse und witziger Gedanken die Zeit verschwendet, wodurch der Jugend für das Erste, für die eigentlichen Berufsstudien und die dazu nöthigen Vorbereitungen keine Zeit übrigbleibt, auch ihr Geschmack dafür nicht gebildet wird, sondern vielmehr eine ganz falsche Richtung erhält. — Da ein wesentlicher Theil in Erziehung und Bildung der Jugend, Religion und Moralität viel zu leichtsinnig behandelt, das Herz nicht gebildet und ebenso wenig das Gefühl für seine Standespflichten entwickelt wird, so vermißt der Staat dadurch den wesentlichen Vortheil, redliche, denkende und wohlgebildete Bürger sich erzogen zu haben."

(An Graf Kolowrat, 9. Febr. 1790.)

„Da die Anzahl der die Schulen besuchenden Kinder mit jener der schulfähigen bei weitem in keinem Verhältniß steht und daraus abzunehmen ist, daß der Eifer der Eltern, ihre Kinder in den zu ihrem künftigen Fortkommen so nöthigen allgemeinen ersten Kenntnissen unterrichten zu lassen, noch nicht genug belebt sei: so ist durch die Konsistorien zu veranlassen, daß jährlich vor Anfang des Schuljahres die wegen Bestätigung und Beförderung der Normallehrart erlassene Verordnung von jedem Pfarrer auf der Kanzel öffentlich abgelesen, auch hernach in der am nämlichen Tage darauf folgenden Predigt eine der Sache angemessene Ermahnung an die Eltern, ihre Kinder fleißig in die Schule zu schicken, gehalten und ihnen der Nutzen, der für ihre Kinder sowie für das ganze Land durch derselben bessern Unterricht und die daraus entspringende allgemeine mehrere Aufklärung erfolgen müsse und der diesfällige Befehl Sr. Majestät ihnen wohlbegreiflich gemacht werde."

(Sept. 1782.) (C. j.

„Die Pflichten der Unterthanen gegen den Monarchen sollen als ein Anhang zum Lesebuch für Landschulen in den deutschen Schulen verbreitet werden."

(Hofdekret vom 29. Juli 1783.) (C. j.)

4.

Josef's Politik; über die Türken und Rußland, über Deutschland und Preußen.

„Diese Barbaren des Orients" (die Türken) „haben mehr denn zweihundert Jahre alle mögliche Treulosigkeit gegen meine Vorfahren begangen, Traktaten verletzt, so oft es ihrer Raubgier gefiel, Verheerungen anzustellen, und alle Aufrührer unterstützt, die sich dem rechtmäßigen König entgegenstellten. — Meineidigerweise verletzten sie alle Friedensbündnisse und mißhandelten die Einwohner von Ungarn auf die grausamste Art. Damals, wenn Oesterreich mit anderen Feinden in Krieg verwickelt war, überfielen sie die Grenzen des Reiches mit gewaffneter Hand und verfuhren wie Kannibalen. — Die Zeit ist gekommen, wo ich als Rächer der Menschheit auftrete, wo ich es über mich nehme, Europa für die Drangsale zu entschädigen, die es einstens von ihnen dulden mußte, und wo ich es hoffe dahin zu bringen, daß ich die Welt von einem Geschlecht Barbaren reinige, die ihr so lange zur Geißel geworden."

(Brief vom 6. Juli 1788.)

„Diese Ungeheuer sind nicht werth, Europa zu bewohnen."
(Ueber die Türken im Kriege 1788.) (Cor.)

„Die Türken, und vielleicht nicht sie allein, haben
zur Maxime, das, was sie in widrigen Zeiten verloren, bei
der ersten für sie günstigen Gelegenheit wieder zu suchen,
das heißt, man läßt dem Schicksal seinen Lauf und unterwirft sich den Fügungen der Vorsehung."
(An Friedrich Wilhelm II. von Preußen, Jan. 1788.)

„Die Türken müssen in den Streitpunkten nachgeben.
Wenn sie Katharinen" (Kaiserin von Rußland) „durch eine
Weigerung herausfordern, wie kann man sie hindern, sich
durch Wegnahme einiger Städte zu entschädigen? Sie hat
zahlreiche abgehärtete, unermüdliche Truppen; man kann sie
hinführen, wo man will. Sie sehen, wie wenig man sich hier
aus dem Leben und den Strapazen der Menschen macht;
800 Stunden von der Hauptstadt legen sie Straßen an, graben
Häfen, bauen auf Moräste, errichten Paläste, pflanzen englische
Gärten mitten in Wüsten, alles dies ohne Bezahlung, ohne
Bett, oft ohne Lebensmittel und immer ohne Murren. — Die
Kaiserin ist der einzig wahrhafte Souverän in Europa: sie
braucht viel überall und ist nichts schuldig, ihre Papiere gelten,
so viel sie will; wenn ihr der Gedanke käme, sie könnte Geld
aus Leder schlagen lassen. England liegt unter einem Berg
von Papiergeld begraben. Frankreich machte das öffentliche

Geständniß von dem schlechten Zustand seiner Finanzen, und ich kann kaum aufbringen, was mich meine Kolonien in Galizien und die Festungen kosten, die ich dort habe bauen lassen."

(Zu Ségur in Cherson.)

„Ich habe ihm" (dem Gesandten in Konstantinopel) „gerathen, sich zu seiner Verwendung bei der Pforte der deutschen Sprache zu bedienen, deren energische Laute ungleich geeigneter zur Ueberredung seien als das salbungsreiche Französisch."

„Konstantinopel wäre ein Zankapfel, welcher eine Vereinigung der großen Mächte zu einer Theilung des türkischen Reiches immer unmöglich machen würde."

(In Cherson zu Ségur.) (Nach anderer Quelle sagte Josef:

„Konstantinopel würde ein Gegenstand der Eifersucht und der Uneinigkeit sein, welcher für immer eine Uebereinstimmung der Großmächte in Beziehung auf die Theilung der Türkei unmöglich machen wird."

(Ségur, Mem.

„Vielmal haben die Turbane Oesterreich in Gefahr gebracht, aber die Lage würde ganz anders gefährlich werden, wenn die russischen Hüte in Konstantinopel herrschten."

(Pag.)

„Ich werde nicht dulden, daß sich die Russen in Konstantinopel niederlassen. Uebrigens kann dieser durch die erhitzte Einbildungskraft der Kaiserin ausgebrütete Plan nicht ausgeführt werden, und bedürfte sie auch nur einer Ukase, um sich Konstantinopels zu bemächtigen und ihren Enkel Konstantin krönen zu lassen, so könnte sie sich nicht gegen die türkischen Streitkräfte in Kleinasien und gegen mehrere große Mächte halten, die sich der Türken annehmen würden; überdies müßte sie in diesem Falle ihr ganzes Reich von Truppen entblößen, die Hälfte davon verlassen und die Hauptstadt wechseln." (Zu Ségur in Cherson.

„Statt des Versuches, die Russen zu hemmen, möchte ich für den Fall, daß sie fernerhin glücklich wären und über die Donau gingen, meiner Mutter der Kaiserin-Königin rathen, Bosnien und Serbien zu besetzen, es als ein Pfand für den letzten Ausgang der Unruhen zu behalten und zu verhindern, daß diese Landschaften in andere Hände fielen."

(Zu Kaunitz. Jan. 1771.) (Ran.

Ueber das Fortschreiten der russischen Unternehmungen äußerte Josef zu Ségur (in Cherson): „Ich sehe darin mehr Glanz als Reelles. Der Fürst Potemkin ist thätig, aber mehr geeignet, große Unternehmungen anzufangen, als sie zu vollenden. Uebrigens scheint alles leicht, wenn man Geld und Menschenleben verschwendet. Wir in Deutschland oder Frankreich können nicht versuchen, was man hier ungehindert wagt.

Der Herr befiehlt: Schaaren von Sklaven arbeiten. Man bezahlt ihnen wenig oder nichts; man ernährt sie schlecht; sie wagen nicht zu murren, und ich weiß, daß seit drei Jahren in diesen neuen Gouvernements" (Krim ꝛc.) „durch die Strapazen und die Ausdünstungen der Moräste 50.000 Menschen zu Grunde gegangen sind, ohne daß man sie beklagte, ja ohne daß man nur von ihnen sprach."

„Das Innere hat hier große Fehler, aber die äußere Macht ist ebenso reell als glänzend. Der Soldat, der leibeigene Bauer sind Werkzeuge, deren man sich bedient, um abzutreiben, was man will. Der sklavische Adel kennt kein anderes Gesetz als den Willen seiner Monarchin, keinen anderen Zweck als ihre Gunst. In Rußland findet keine Zwischenzeit zwischen einem Befehl, so launenhaft er sein mag, und seiner Ausführung statt. Wäre ein Karl XII. das Haupt dieser Nation, er würde mit 600.000 Mann ganz Europa in Schrecken setzen."

(Ueber Rußland, zu Ségur, in Cherson.)

„Ihre Eitelkeit ist ihr Götzenbild; ihr rasendes Glück sowie der Wetteifer ganz Europas in übertriebenen Huldigungen für sie haben sie verdorben. Man muß schon mit den Wölfen heulen; wenn nur das Gute geschieht, liegt wenig an der Form, in welcher man es erreicht."

(An Kaunitz über Katharina II.)

„Die große Kunst ist, auf den Charakter und die Launen der Kaiserin einzugehen. Sie ist ohne Zweifel eine Fürstin von ausgezeichnetem Genius, allein sie kann nicht jegliches Ding selbst machen. Wer mit ihr zu thun hat, muß nie ihr Geschlecht aus den Augen verlieren, noch vergessen, daß ein Weib anders sieht und handelt als ein Mann. Ich spreche aus Erfahrung, wenn ich behaupte, der einzige Weg mit ihr gut auszukommen sei: sie nicht verzärteln und ihr nicht schroff entgegentreten; in Sachen geringer Wichtigkeit nachgeben, unvermeidlichen Widerspruch so viel als möglich versüßen, überall ein Bestreben zeigen, ihr zu gefallen, und zu gleicher Zeit an gewissen wesentlichen Grundsätzen festhalten und an einem Gefühle seines eigenen Rechtes. Drückt sie einen Wunsch aus, der sich ohne Verletzung jener Grundsätze erfüllen läßt, möge man ihn mit der gefälligen Aufmerksamkeit bewilligen, welche man einer Frau schuldig ist; besteht sie hingegen auf etwas Unzulässigem, muß man fühlen lassen, daß, obgleich sie oft führen, sie doch nicht zwingen könne. In dieser Weise darf man hoffen, mit ihr auf einem guten Fuße zu leben, sich zu schützen gegen die Hitze und Grausamkeit ihrer Gefühle, und sie zu überzeugen: jeder Fürst habe ein unbestreitbares Recht, sich über die wesentlichen Punkte seines Benehmens selbst eine Linie vorzuschreiben und daran festzuhalten."
(Ueber die Kaiserin Katharina II.) (Rau.)

„Ich habe mich gezeigt, wie ich wirklich bin, ich habe keine Falschheit oder Kunst gebraucht, Ihren guten Willen und Ihre Freundschaft zu erwerben, weshalb Sie im Stande sind, über meinen Charakter und meine Verdienste zu urtheilen.

„Ich sehe voraus, daß man nach meiner Entfernung versuchen wird, mich zu verleumden und anzuschwärzen. Ich bitte, daß, bevor Sie solchen Anklagen Glauben beimessen, Sie Ihr eigenes Urtheil befragen und danach entscheiden. — Ich bin kein Schmeichler, doch muß ich Ihnen aufrichtig sagen, daß Sie den hohen Ruf, dessen Sie genießen, noch übertreffen. Die wenigen Wochen, welche ich mit Ihnen verlebt habe, muß ich für die angenehmste und nützlichste Zeit meines Lebens halten."

(Zur Kaiserin Katharina II. beim Abschied.) Rau 1

„Recht gern nehm' ich das Anerbieten an, welches Sie mir machen: Ihre Ansichten über die Mittel mir mitzutheilen, um das allgemeine Wohl Deutschlands zu erzielen, unseres gemeinschaftlichen Vaterlandes, das ich gerne so nenne, weil ich es liebe und stolz darauf bin, ein Deutscher zu sein."

(An Karl Theod. v. Dalberg, 15. Juli 1787.)

~~~~~~~~~~

„Gleich Ihnen habe ich mich öfters beschäftigt, darüber nachzudenken, was unser Vaterland glücklich machen könnte. Ich bin ganz einstimmig mit Ihnen, daß nur ein enges Band des Kaisers mit dem deutschen Staatskörper und seinen Mitstaaten das einzige Mittel sei; aber bis dahin zu kommen — hierin liegt der Stein der Weisen. Er ist um so schwerer zu finden, da es darauf ankommt, die verschiedenen Interessen zu vereinigen, besonders der Untergebungen, die vorsätzlich die Angelegenheiten Deutschlands verwirren und sie zu einer wahrhaft unerträglichen Pedanterie machen, um die Fürsten abzuschrecken, ihre Angelegenheiten durch sich selbst zu betrachten; um sie über ihre eigenen Interessen zu verblenden, sie in Abhängigkeit zu erhalten und sich nothwendig zu machen, indem man Märchen aller Gattungen ersinnt, abgeschmackte Ideen ausbreitet, die man erdichtet, ihnen glauben macht, und wonach man sie zu handeln bewegt, als ob es die wahrsten Thatsachen wären. — In jeder Gesellschaft, von welcher Art sie sei, muß ein allen gemeinschaftliches Objekt vorhanden sein; aber das Wort „Patriotism", dessen man sich gegenwärtig so gemeiniglich bedient, sollte ausschließlich auch eine reelle Bedeutung haben, während das Interesse des Augenblickes, die Eitelkeit der Personen, politische Intriguen Verbindungen bilden und Besorgnisse rege machen, denen man, selbst bis zu den juridischen Entscheidungen unter einzelnen, alles unterwerfen möchte. — Wenn unsere guten deutschen Mitpatrioten sich wenigstens eine patriotische Denkungsart geben könnten; wenn sie weder Gallomanie noch Anglomanie, weder Prussiomanie noch Austromanie hätten, sondern eine Ansicht, die ihnen eigen wäre, nicht von anderen erborgt; wenn sie wenigstens selbst sehen und ihre Interessen prüfen wollten, während sie meistens nur das Echo einiger elenden Pedanten und Intriguants sind."

(An K. Th. von Dalberg, 15. Juli 1787.)

———

„Deutschland hat gar viele Fürsten und Herren, und darum ist sein eigentlicher Herr, darum ist der deutsche Kaiser eine trübselige Jammergestalt geworden und zu schmachvoller Bedeutungslosigkeit herabgedrückt. Darum tobt der Unfriede und Krieg beständig in seinen eigenen Eingeweiden, darum ist Deutschland nur noch ein hohler Name, den die anderen Nationen verlachen und der für uns selber kaum noch eine Bedeutung hat."

„Wenn sie" (Oesterreich und Preußen) „sich aufrichtig miteinander verbinden und im Einverständniß miteinander handeln, haben sie nichts weiter zu fürchten, weder von einer einzelnen Macht, noch von einer Verbindung mehrerer; sie werden die Schiedsrichter sein, nicht allein in Deutschland, sondern in Europa. Alle Mächte werden sie suchen; sie werden keine andere Macht zu suchen brauchen. Der allgemeine Friede wird nur von ihnen abhängen. Eine der anderen versichert, werden sie das Glück ihrer Unterthanen, die Blüte ihrer Staaten bewirken und sich gegenseitig alle die Vortheile verschaffen können, die sie für sich nöthig erachten, ohne anderen mehr gewähren zu müssen, als ihnen gut scheint. — Wenn dies nun eine unleugbare Wahrheit ist, so muß man eingestehen, daß die Fortsetzung der Feindschaft den beiden Staaten alle diese Vortheile raubt und die entgegengesetzten Nachtheile zuzieht. Sie schwächen sich gegenseitig von Jahr zu Jahr durch die ungeheuren Aufwendungen, zu denen ihre Eifersucht sie nöthigt, durch die Demüthigungen und Niedrigkeiten, mit denen sie die eine der anderen ihre verschiedenen Alliirten, oftmals kleine Prinzen, zu entreißen suchen; dabei müssen sie denn eine Menge von Dingen, die ihnen vortheilhaft wären, vernachlässigen, schädliche dagegen nicht allein dulden, sondern fördern."

(Ende 1786.) (Rau.)

„Kein Bündniß könnte je auf einer solideren Grundlage begründet sein und unter einfacheren Bedingungen als dieses" (zwischen Oesterreich und Preußen), „da es sich ja nur darum handelt, sich gegenseitig wohl zu überzeugen, daß das reellste Interesse der österreichischen und preußischen Monarchie besteht und immer bestehen wird: in dieser Union, und daß kein augenblicklicher Vortheil, so groß er immer für die eine oder die andere dieser zwei Mächte sein könnte, selbst mit Rücksicht auf jede andere irgendwelche Alliance, nicht den Verlust ihrer Freundschaft aufwiegt, und daß sie gleicherzeit fest entschlossen sind, nicht allein an keine Gebietsvergrößerung mehr zu denken, auf Kosten des einen oder des anderen, sondern sich selbst den ruhigen Besitz ihrer gegenwärtigen Staaten zu verbürgen, gegenüber und gegen alle, und daß sie die Feinde der einen auch für Feinde der anderen betrachten. Man legt selbst darauf keinen Werth, daß diese beiden Häuser von derselben Nation sind, daß sie eine gemeinsame Sprache haben und daß man sich in ihren Staaten zu denselben Religionen bekennt, was die Meinung der großen Menge zu beeinflussen nicht unterläßt, so daß es die Wirkung der politischen Uebereinstimmung und der fürstlichen Absichten fördert und erleichtert, indem es selbst ihre Dauer versichert. Untersuchen wir aber die gegenseitigen Nachtheile, welche für einen wie den anderen bestehen würden, wenn diese Idee vor der Zeit von den übrigen Mächten Europas erkannt würde, so darf man nicht überrascht sein, daß sie alles in der Welt thun würden, um sie zu verhindern, und selbst irgendwelcher Minister könnte es, ohne unangenehme Folgen für sich zu fürchten, nicht rathen."

(An Kaunitz, 6. Dez. 1760.)

Daß die wahre Lage bisher nicht erkannt wurde erklärte sich der Kaiser daher, "daß die Fürsten, welche über die Politik zu entscheiden haben, Menschen sind und ihre Vorurtheile hegen" — und fügte hinzu: "Nur von dem festen Willen und der vollkommenen Ueberzeugung der beiden Souveräne kann diese Union ausgehen. Sie wird Europa in Erstaunen setzen und die Segenswünsche der Unterthanen, der jetzigen und der künftigen Generationen hervorrufen."

(Ende 1780.)

"Beharrlich in meinen Entschlüssen, insbesondere, wenn es sich darum handelt, mich dem einzigen Wesen, das ich verehre und anbete" (seine Mutter) "gefällig zu erweisen, habe ich bis an das Ende festgehalten an meinem System und dadurch die einzige Gelegenheit versäumt, die sich im Laufe meines Lebens mir darbieten wird, einen Mann" (Friedrich II.) "zu sehen und kennen zu lernen, welcher, ich kann es nicht leugnen, meine Neugierde außerordentlich gereizt hat."

(Ar.)

"Wenn der König von der Kriegskunst spricht, die er wahrhaft zum Gegenstande seiner Studien gemacht und worüber er alles nur immer Denkbare gelesen hat, dann ist alles nervig, solid und zugleich höchst belehrend. Da findet man keinen Wortkram; die Behauptungen, welche er aufstellt, weiß er durch die Thatsachen und die Geschichte zu beweisen, von der er eine sehr ausgedehnte Kenntniß besitzt. Sein bewundernswürdiges Gedächtniß gibt ihm fortwährend Beispiele an die Hand, die in so vielen Kriegen gemachten Erfahrungen aber lassen ihn jederzeit für sie die richtige Anwendung finden."

<small>(Ueber Friedrich II., erstes Zusammensein zu Neiße.) (Ar.)</small>

„Als Militär beklage ich den Verlust eines großen Mannes, der in der Geschichte der Kriegskunst auf immer Epoche machen wird. Als Staatsbürger aber bedauere ich, daß dieser Todesfall nicht dreißig Jahre früher eingetreten ist. Im Jahre 1756 wäre derselbe auf eine ganz andere Weise vortheilhaft gewesen als im Jahre 1786."

<small>(Ueber Friedrich's II. Tod.) (Rav.)</small>

Als man nach dem Tode Friedrich's II. meinte, man würde jetzt nur vorzurücken brauchen, um Schlesien wieder zu nehmen, sagte Josef: „Jawol, wenn die preußische Armee eine Krankheit hätte wie der König!"

<small>(Ra.)</small>

3.
Josef als Feldherr und Soldat.

„Das Kriegshandwerk ist wol sehr schön und seine Ausübung so ruhmvoll, daß jeder Mann, welcher denkt und den Werth des Ruhmes fühlt, es hinreißend finden soll und als das einzige, welches großen Seelen zu ergreifen übrig bleibt."

(An Leopold II., Nov. 1774.)

„Ich kenne nur zwei Mittel, die Soldaten im Zaum zu halten, und diese sind anständige Behandlung und Standhaftigkeit."

(Car.)

„Ich kenne nur zwei Weisen, Soldaten zu führen; die Ehre und die Festigkeit" — sagte Josef, als man sich über die unregelmäßigen Aushebungen und zahllosen Plackereien dabei beschwerte und er diesen Uebelständen Abhilfe verschaffte.

(Pg.)

„Wer liegt, bleibe liegen; wer sitzt, bleibe sitzen" — befahl Josef im Feldlager, d. h. die Soldaten, welche nicht im wirklichen Postendienst waren, sollten ihm keinerlei Ehrenbezeugungen machen und ihre Beschäftigung oder Ruhe nicht unterbrechen, wenn der Kaiser im Lager umherging.

(Ps.

„Ich will und leide keinen Zweikampf bei meinem Heere; verachte die Grundsätze derjenigen, die ihn vertheidigen, die ihn zu rechtfertigen suchen und sich mit kaltem Blute durchbohren. Eine solche barbarische Gewohnheit, die dem Jahrhunderte der Tamerlans und Bajazeths angemessen ist, und die oft so traurige Wirkungen auf einzelne Familien gehabt, will ich unterdrückt und bestraft wissen, und sollte es mir die Hälfte meiner Offiziere rauben!"

(August 1771.)

(Nach dem Duellmandat von 1752 sollten Herausforderer wie Geforderte, Sekundanten, Rath- und Vorschubgeber, selbst solche, die zum Duell aufhetzten, oder jemand, der eine Forderung nicht angenommen, schmähten, auch dann, wenn bei stattgefundenem Zweikampf niemand verletzt worden, durch das Schwert hingerichtet werden. Diese Strenge glaubte Josef rücksichtslos vollziehen zu müssen, um die unvernünftige Gewohnheit des Duellirens auszurotten.)

„Wird man denn niemals ein Mittel finden, den Feind zu überwinden, ohne daß es so vielen Menschen das Leben kostet?" sagte Josef mit Thränen in den Augen, mitten im Jubel über die Nachricht von einem gewonnenen Treffen mit den Türken.

In einer entscheidenden Schlacht erforderten es die Umstände, um einen Fluß zu behaupten, eine beträchtliche Zahl von Soldaten aufzuopfern. „Nein!" sagte Josef, „ich kenne kein Wasser der Welt, das mit Menschenblut erkauft zu werden verdiente!" Als ihm ein hoher Offizier diese Schonung ausreden wollte, sagte er demselben: „Suchen Sie aus allen Regimentern so viele Ihresgleichen heraus, als Sie brauchen, und eilen Sie dann in Gottes Namen, den Fluß zu behaupten."

(Sch.)

Im Feldzuge 1778 warf ein österreichischer Major die über die Elbe bei Kukus gesetzten Preußen mit seinen Truppen mit gefälltem Bajonett zurück, welches Gefecht viel Blut kostete. Als der Kaiser, der mit Lacy dies Gefecht beobachtete, so viele seiner Leute fallen sah, rief er in schmerzlicher Ungeduld aus: „Wozu diese Schlachterei? Senden Sie dem Major sogleich Befehl zum Rückzug und geben Sie ihm für dieses nutzlose Blutvergießen einen scharfen Verweis." Lacy konnte aber dem Kaiser beweisen, daß jener Major durchaus so handeln mußte, um noch größerem Blutvergießen vorzubeugen, und Josef nahm nicht nur die Belehrung dankbar an, sondern zeichnete auch den wackeren Major, statt eines Verweises, persönlich aus.

(G.-H.)

Lacy rieth im August 1778 einen Ueberfall von
Trautenau und die Zerstörung der dortigen preußischen Feld=
bäckerei. Durch diesen Schlag wäre Friedrich II. zum Rück=
marsch nach Schlesien gezwungen worden und der Feldzug
auf dieser Seite ohne viel Blutvergießen beendigt. Josef
fragte aber hastig: „Und was geschieht, wenn der König
von unserem Anschlag Wind erhält oder ihn aus der Bewe=
gung unserer Truppen erräth und Gegenanstalten trifft?
Dann geben wir ihm eine kleine Revanche für die Geschichte
von Maxen. Nein, zu diesem Ueberfall kann ich nie meine
Beistimmung geben, denn er scheint mir zu gewagt." — Ver=
gebens bemühte sich Lacy, den Kaiser zu überzeugen, daß
man sich im schlimmsten Falle werde mit Ehre zurückziehen
können. Der Kaiser erwiderte: „Und dann ist das Blut
vieler braven Leute umsonst geflossen." Er blieb bei
seiner Ablehnung des Ueberfalles und bemerkte: „Ich erwarte
stehenden Fußes den König am rechten Elbufer, wenn ihn
die Lust anwandeln sollte, meine Redouten zu stürmen." —
„Diesen Gefallen," erwiderte Lacy ärgerlich, „wird uns der
König nicht thun, denn er ist 66 und nicht 26 Jahre alt,
um noch einen solchen Jugendstreich zu wagen." In der That
brach Friedrich II. in den Tagen darauf sein Lager vor
Welsdorf ab   (G.-G.)

Beim Abzug des preußischen Heeres Mitte August
1778 nach Bürkersdorf wollte Lacy in der Gegend von
Kowalkowitz den Feind aus einem Hinterhalte angreifen.
Josef entgegnete aber: „Wozu, lieber Feldmarschall, wollen
wir abermals Blut vergießen und dem König die Gelegenheit

darbieten, sich aus seiner Verlegenheit zu ziehen, worin er sich gegenwärtig befindet? Der Feldzug ist nun einmal für ihn verloren, er mag thun, was er will; es scheint nun, er werde sich aufwärts der Elbe ziehen, wir thun dasselbe und erwarten ihn. Ihm ein Treffen anbieten, heißt ein sicheres Spiel aufgeben, um ein unsicheres anzufangen. Lassen wir ihn ziehen; die Millionen, die er für diesen Feldzug ausgegeben, werden ihn genug schmerzen!" — „Wir führen also einen sehr friedlichen Krieg," erwiderte Lacy, „nur befürchte ich, der König dürfte, wenn wir ihn so ganz ungestraft abziehen lassen, seiner Satire, und diesmal mit allem Recht, freien Zügel schießen lassen, wie er dies vor der Schlacht bei Hochkirchen, aber damals mit Unrecht gethan." — Als der Kaiser und Lacy am 15. August durchs Fernrohr die überhandnehmende Verwirrung der Nachhut des preußischen Heeres bei den Schluchten von Kowalkowitz beobachteten, rief der Kaiser dem Feldmarschall zu: „Lassen Sie doch unverweilt einen Angriff unternehmen, der Feind muß einen bedeutenden Echec erleiden." Lacy, übelgelaunt, daß es zu spät war, die Gelegenheit zu benutzen, den Preußen einen empfindlichen Streich zu versetzen, vergaß sich zu der Antwort: „Ja, wenn ich aus jeder meiner Hosentaschen ein Husarenregiment hervorzaubern könnte!" — Friedrich II. und nach ihm alle preußischen Schriftsteller haben mit Befremden erwähnt, weshalb nur die Oesterreicher damals dem Abmarsch des preußischen Heeres so ruhig zugesehen hätten. Man wußte freilich nicht, welcher Gefahr es entronnen, weil Josef das Leben seiner Soldaten so hoch geschätzt und auf einen Sieg verzichtet, um Blutvergießen zu vermeiden.

(G. B.)

„Wollen Sie denn, daß ein Kaiser den Hasenfuß machen soll?" sagte Josef, als General Laudon ihn vor zu großer Verwegenheit, womit er sich Lebensgefahren aussetzte, zu warnen wagte.
(Cor.)

„Gehen Sie, lieber Laudon; machen Sie meine Streiche wieder gut, ich gebe Ihnen alle Vollmacht."
(Nach dem ersten unglücklichen Feldzug gegen die Türken.) (Br.)

„Haben Sie mir nicht selbst angekündigt, daß ich nur noch einige Tage zu leben habe und selbst ein Augenblick meinem Leben ein Ende machen kann? Nun, von einem Augenblick hängt auch das Glück dieser braven Soldaten ab, die den Grad so wohl verdient haben, wozu ich sie befördere."
(Seinem Arzt, als Josef noch kurz
vor seinem Tode arbeitete.) (Pag.)

„Ich würde mich der Undankbarkeit schuldig halten, wenn ich nicht in dem Augenblicke, wo ich das Leben verlasse, meiner Armee meine völlige Zufriedenheit mit ihrer unwandelbaren Treue, ihrer Tapferkeit und Zucht bezeugte. Der Ruhm und das Wohlbefinden meiner Truppen sind stets die vorzüglichsten Gegenstände meiner Sorgen gewesen. Der letzte Feldzug hat meine heißesten Wünsche übertroffen, und der Ruf meiner Truppen hat sich in ganz Europa verbreitet.

Diesen Ruf werden sie erhalten, ich nehme diese Gewißheit mit mir; sie ist mein Trost in meinen letzten Augenblicken.

Ich habe nicht ins Grab steigen wollen, ohne meiner Armee dies öffentliche Zeugniß meiner Liebe zu geben und ohne den lebhaften Wunsch auszusprechen, sie möge meinem Nachfolger und dem Staate dieselbe Treue wie mir beweisen."

(Letzter Tagesbefehl.) (Pag.)

Bei einer Soldatenaushebung hatten sich zu viele Freiwillige gemeldet, so daß der Offizier sich weigerte, einen Jüngling zu nehmen, weil ihm die vorderen Zähne mangelten. Dieser ritt ins Lager zum Kaiser und beklagte sich über den Offizier, welchem Josef aber recht gab. Der Jüngling brach ärgerlich aus: „Ich hoffe doch, daß Ew. Majestät den Feind schlagen, nicht aber fressen lassen wollen, und dazu habe ich ja Hände und bedarf keiner Zähne." Josef entgegnete zwar: „Wenn man den Feind mit Ernst schlagen will, muß man die Zähne recht übereinanderbeißen können" — nahm aber den Jüngling als Husar auf, und dieser brachte es durch seine Tapferkeit in drei Wochen zum Offizier.

(Sch.)

Ein Grenzer (guter Schütze) berichtete zu Anfang des Feldzuges 1778 dem Kaiser, daß er es übernehmen wolle, den König Friedrich II. vom Vorposten aus, die dieser selbst rekognoscire, zu erschießen; er habe bis jetzt von seinem Plan nicht das Mindeste entdeckt. „Wohlan," sagte Josef mit großem Nachdruck, indem er dem Scharfschützen ein Goldstück überreichte, bewahre dies zum ewigen Angedenken, daß dein

Schutzgeist dich gewarnt hat, auf den König zu schießen. Du begreifst nicht, welche abscheuliche That du begangen hättest, wäre dies gekrönte Haupt durch dich gefallen. Jeder brave Husar wagt wohl sein Leben, um den König im Gefechte gefangen zu nehmen; aber keiner wird so gottlos sein, ihn vom Pferde herunterzusäbeln, und sollte er selbst das Leben darüber verlieren." Der Kaiser behielt den Grenzer bei sich im Hauptquartier. Am anderen Morgen erzählte er seinem Freund, dem General Graf Lacy, den Vorfall und sagte: „Der Mann muß von der Armee entfernt werden und noch heute; ein böser Geist könnte sonst sein Spiel mit ihm treiben. Schicken Sie ihn daher unter irgend einem Vorwand nach Haus, wo man ihm, um ihm nicht wehe zu thun, eine gute Anstellung verleihen kann. Auch müssen wir darauf denken, wie man, ohne Aufsehen zu machen, verhindere, daß nicht ein anderer Schütze das ausführe, was dieser im Sinne gehabt. Denn was würde die Welt von uns sagen, wenn ein solcher Bravo aus einem Hinterhalte den König erschösse? Hat nicht Parteihaß den Kaiser Ferdinand zu verleumden gesucht, weil Gustav Adolf bei Lützen geblieben? Was würde er sich gegen uns erlauben, da wir dem Könige gleichsam im Angesichte stehen? Unser guter Ruf wäre für immer dahin!" — Der Kaiser besuchte nun mit Graf Lacy die Vorpostenlinie, erkundigte sich beim ersten kommandirenden Offizier über die Rekognoscirungen des Feindes und setzte hinzu: „Es ist möglich, daß der König" (Friedrich II.) „selbst den Vorposten sich nähere. Für diesen Fall ertheile ich den mündlichen Befehl, daß die äußersten Wachen, sobald sie den König erkannt, ihm durch das Präsentiren des Gewehrs und das Salutiren mit dem Säbel die hohe Achtung bezeugen, die dem gekrönten Haupte, dem großen Feldherrn und meinem persönlichen Freund gebührt. Dieser Befehl ist auf das genaueste zu befolgen und den ablösenden Offizieren jedesmal mitzutheilen." So wiederholte ihn der Kaiser vom ersten Wachtposten an bei allen übrigen weit über das preußische Lager bei Welsdorf hinaus. Nachmittags im Hauptquartier angelangt, umarmte er herzlich den Grafen Lacy: "Sie haben mir oft Gelegenheit gegeben, in Ihnen den treuen Staatsdiener zu achten, aber heut erkenne ich wieder meinen besten Freund; durch Ihren weisen Rath haben Sie mir meine Ruhe wieder geschenkt und für meinen Ruf bei der Mit- und Nachwelt gesorgt."

(G.,B.)

6.

Josef als Beamter und Arbeiter.

"Wer dem Staate dient, muß sich gänzlich hintansetzen. Aus diesem folgt, daß kein Nebending, kein persönliches Geschäft, keine Unterhaltung ihn von dem Hauptgeschäfte abhalten muß; und also daß auch kein Autoritätsstreit, kein Ceremoniel, kein Rang ihn abhalten muß, zur Erreichung des Hauptzieles das Beste zu wirken. — Ob in Stiefeln, gekämmt oder ungekämmt die Geschäfte geschehen, muß für den vernünftigen Mann ganz gleich sein."

— —

"Ich habe die Liebe, die ich für das allgemeine Beste empfinde, und den Eifer für dessen Dienst jedem Staatsbeamten einzuflößen gesucht. Hieraus folgt nothwendig, daß, von sich selbst anzufangen, man keine andere Absicht in seinen Handlungen haben müsse, als den Nutzen und das Beste der größeren Zahl."

„Jeder wahre Diener des Staates muß bei allen Vorschlägen, welche offenbar für das Allgemeine nutzbar, einfacher oder ordentlicher ausfallen können, nie auf sich selbst zurücksehen, sondern sich stets nach dem großen Grundsatz benehmen, daß er nur ein einziges Individuum sei, und daß das Beste des größten Haufens dasjenige eines jeden Particulariers und des Landesfürsten selbst, als einzelner Mann betrachtet, weit übertreffe."

„In Geschäften zum Dienste des Staates kann und muß keine persönliche Zu- oder Abneigung den mindesten Einfluß haben. — Eigenliebe muß keinen Diener so weit verblenden, daß er sich scheue, von einem anderen etwas zu lernen, er mag nun seinesgleichen oder weniger sein."

„Eigennutz von aller Gattung ist das Verderben aller Geschäfte und das unverzeihlichste Laster eines Staatsbeamten. Der Eigennutz ist nicht allein vom Gelde zu verstehen, sondern auch von allen Nebenabsichten, welche das einzige wahre Beste, die aufgetragene Pflicht, die Wahrheit in Berichten und die Genauigkeit im Befolgen verdunkeln, bemänteln, verschweigen, verzögern oder entkräften."

„Bei allen Stellen muß jederman einen solchen Trieb zu seinen Geschäften haben, daß er nicht nach Stunden, nach

Tagen, nach Seiten seine Arbeit berechnen, sondern alle seine Kräfte anwenden muß, die Geschäfte vollkommen auszuführen. Wer nicht Liebe zum Dienste des Vaterlandes und seiner Mitbürger hat, wer zur Erhaltung des Guten sich nicht von einem besonderen Eifer entflammt findet, der ist für Geschäfte nicht gemacht, nicht werth, Ehrentitel zu besitzen und Besoldungen zu beziehen."

(Sogen. kaiserliche Hirtenbrief, Ende 1783.)

„Leichter und gemächlicher ist es freilich, wenn man seine Präsidialautorität in allem geltend macht und nur dem Dikasterial-Schlendrian in den Expeditionen folgt, ohne sich zu bekümmern oder zurückzusehen, ob und wie das Gute und Unbefohlene geschieht. Thun die Kommissionäre das nämliche gegen ihre Untergebenen, Vicegespane, und diese wieder gegen ihre Stuhlrichter, und so diese wieder gegen ihre Dorfrichter, so bleibt der Staat in der papiernen Verfassung, in der er jetzt schwebt, wo nämlich unendlich viel geschrieben und sonst nichts gethan wird!"

(An den Kanzler von Ungarn, Juli 1786.)

„Durch eine Resolution, die ich an meine Hofstelle erlasse, gebe ich nur die Grundsätze zu erkennen, nach welchen ich will, daß sie die Ausarbeitung machen und in allen Stücken die untergebenen Länderstellen und das Publikum klar und deutlich belehren sollen. Wenn ich also sage, daß ich von meiner Resolution nicht ein Haar weiche, so versteht sich dies auch nur auf die Grundsätze, welche jedoch bei weitem noch kein ausgearbeitetes Patent sind; denn wären sie dieses, und wollte ich meine Grundsätze gleich in einer ganzen Ausarbeitung und in einem eigentlichen Patent vorlegen, so würde ich keiner Kanzlei, sondern nur einer Buchdruckerei bedürfen. Der Wille muß vor allem gut sein; er ist aber nur da wahrhaft gut, wenn man sich in die von mir vorgelegten Grundsätze hineindenkt und nach denselben unabweichlich arbeitet. Zugleich aber muß auch die Arbeitsscheu und die Besorgniß, daß man sich einige Mühe mehr wird geben müssen, hintangesetzt werden, wenn man anders ein würdiger Staatsdiener und Beamter sein will. Die hier entworfenen Patente und die Antworten der Landesstelle beweisen ganz klar, daß es an der wahren Gedenkensart, Willen und Eifer sehr mangelt."

„Bei der Ausarbeitung wird die Kanzlei sich besonders gegenwärtig halten, daß, da dieselbe zu einer Instruktion für die unzählige Menge Menschen von verschiedener Denkungsart und Begriffen zu dienen hat, solche in der bestmöglichen Ordnung und auf die einfachste Art eingerichtet und so faßlich auseinandergesetzt und zergliedert werden müsse, daß jeder jenes, was ihm zu thun obliegt, gleich begreifen und auszuführen wissen möge." (Juni 1784.) (Mey.)

„Auf diese und keine andere Art ist sogleich ohne Rückfrage die Sache, die sonst immer in eine größere und bedenklichere Verwirrung gelangt, auseinanderzusetzen und

unter keinem Vorwand von dieser oder einer anderen schon
darüber erlassenen Entschließung nur ein Haar breit abzu=
weichen oder kahle Ausflüchte und Abhilfe zu suchen, welche
nicht die Sache im Grund heben und nur auf eine Zeit ver=
kleistern." (März 1785.) (Mey.)

Den Wahrheit begehrenden Sinn des Kaisers be=
zeichnet der Schluß eines Handbillets vom Dezember 1780:
„Die Kanzlei wird in genauer Gleichförmigkeit meiner Willens=
meinung an die Stände sogleich den Auftrag erlassen und
ihnen sonderheitlich einbinden, in der Sache freimüthig, so
wie sie für die allgemeine Wohlfahrt den Landes es ange=
messen finden und ich allein in allen Gelegenheiten ohne
andere Nebenrücksichten von jederman zu vernehmen wünsche,
ihren Befund zu eröffnen."

„Die Schuldigkeit eines jeden Chefs ist, daß er alles
Unnütze und Unnöthige anzeige und zur Abstellung vorschlage,
sowie ein jeder Untergebene es seinem Chef vorzutragen hat,
was er nur als einen Umtrieb der Geschäfte ansieht, der zum
wesentlichen nicht führt."

„Sowie es eines jeden Pflicht ist, zuverlässig zu be=
richten, alle Fakta nach den Hauptgrundsätzen zu beurtheilen
und seine Meinung freimüthig beizurücken; so ist es auch die
Schuldigkeit eines jeden Staatsbeamten, daß er selbst auf Ab=
stellung aller Mißbräuche, auf die wahre und beste Art zur

Befolgung der Befehle, auf die Entdeckung der dagegen Handelnden, nämlich auf alles, was zum Besten und zur Aufnahme seiner Mitbürger gereichen könnte, nachsinne."

(Sogen. kaiserlicher Hirtenbrief. Ende 1783.)

„Ihre Langsamkeit, mit welcher Sie die Prozesse verzögern, ist meinen Unterthanen nachtheilig. Seien Sie thätiger, fleißiger und arbeitsamer! Dies ist Ihre Pflicht; die meinige ist, Sie dazu anzuhalten, damit Sie Ihre Schuldigkeit thun."

(Zum Rath der Stadt Namur 1781.)

„Der Richter soll nur auf vorläufige Klage und niemals von Amtswegen verfahren, ausgenommen, wann er hierzu durch die Gesetze angewiesen wird."

(1. §. der neuen Gerichtsordnung, 1782.)

„In vier abgesonderten Oertern" (den vier Siechenhäusern zu Wien) „hinlänglich verbinden und eine Anzahl inkurabler und schadhafter Personen versorgen, wäre für einen jungen Mann schwer, noch mehr aber für einen alten vom Schlag schon berührten Chirurgus, wie der N. N. ist, unmöglich. Dieser Vorschlag ist also für den alten Chirurgus sehr barmherzig, für die weit größere Anzahl der Inkurablen aber sehr unbarmherzig ausgefallen."

(Juni 1784.) (Mey.)

„Die Stunden können immer eine auf die andere folgen," sagte Josef eines Tages lächelnd, „ich sehe keine auf dem Zifferblatte, von der ich nach meinem Gefallen Gebrauch machen könnte, und so ist es stets bei mir gewesen."

(Car.)

„Ich suche jeden Tag auszugehen, und meine Lebensweise ist geregelt; von 7 Uhr morgens an bis zwei Uhr arbeite ich, dann gehe ich aus, um 4 Uhr esse ich, und dann arbeite ich wieder bis gegen 9 Uhr; darauf gehe ich in Gesellschaft bis 11 Uhr und lege mich nieder; so ist ein Tag wie der andere."

(Jan. 1781, an Leopold II.)

Als man den Kaiser zu Paris fragte, ob ihn die Strapazen nicht ermüden, antwortete er: „Je ne brule point ma chandelle par les deux bouts; c'est qui me conservera." (d. h. Ich zünde mein Licht nicht auf beiden Enden zugleich an, oder: Ich vergeude meine Kräfte, mein Vermögen nicht auf doppelte Art; das ist's, was mich erhalten wird.)

„Ich bin nicht nach Frankreich gekommen, um zu tanzen, sondern um Kenntnisse zu sammeln." — „Wenn man mir nicht erlaubt, gänzlich incognito zu sein, so muß ich wieder abreisen." — „Besuche sind gar nicht die Absicht meiner Reise. Die Zeit ist mir hier zu kostbar, um sie auf Schauspiele zu

verwenden" — erklärte Josef auf seiner Reise durch Frankreich zu Brest, Rochefort und Bordeaux, als man ihn zu ihm zu Ehren veranstalteten Konzerten, Bällen, Schauspielen u. dgl. einlud.
(Bu.)

„Ich bin nach Lyon gekommen, um die Fabriken zu sehen."
(Zu Lyon, als man ihn zur Komödie einlud.)

„Besuche sind gar nicht für die Absichten meiner Reisen. Was ich suche, finde ich nur bei Personen von Ihren Kenntnissen. Kennen Sie mehrere Personen, die mich zu belehren im Stande sind, so bitte ich Sie, mir dieselben vorzustellen."
(Zu Bordeaux, gegen die lästigen Besuche des geflüchtigen Adels.) (H.-G.)

„Ich nehme" (gebrauche) „nichts das Jahr hindurch als die Frugalität meiner Mahlzeiten, viel Bewegung und, so viel ich kann, ein ruhiges Gemüth; das sind die Mittel um lange zu leben. Das letztere gelingt mir nicht viel; ich liebe den Staat und die Monarchie zu sehr, um nicht zu lebhaft zu empfinden, was ihn berührt, und die Gelegenheiten dazu sind sehr häufig."
(An Leopold II., Juli 1789.)

Als die Aerzte dem Kaiser zu seiner Genesung vollständige Ruhe des Körpers und des Geistes zur Pflicht machten, antwortete Josef: "Sie kennen weder mein Amt, noch wie es versehen sein will, gleich als könne man den wichtigsten Ereignissen mit Ruhe zusehen; — aber ich werde mit aller moralischen und physischen Kraft, die mir übrig ist, das thun, was der Dienst und das Wohl des Vaterlandes erheischt, ohne mich um die Folgen zu kümmern, die daraus für mein Dasein entspringen könnten. Mein Wunsch zu sprechen und zu diktiren ist immer in Streit mit meinem Unwohlsein."

(Ra.)

"Ich sehe wohl, daß ich sterben muß, wenn ich ruhen soll" — sagte Josef noch im Dezember 1788, als ihm Ruhe durchaus nöthig war, um der anscheinenden Genesung Dauer zu geben. Da sein Arzt darauf bestand, sagte Josef: "Ich bin so an die Arbeit gewöhnt, daß es mir weit peinlicher sein würde, nichts zu thun, besonders wenn das Interesse meiner Unterthanen meine ganze Kraft erfordert." Und trotz seiner fürchterlichen Leiden fuhr er zu arbeiten fort, obwol er kaum die Feder zu halten vermochte.

(Pg.)

"Ich sehe wohl, daß ich, um ausruhen zu können, werde aufhören müssen zu leben" — sagte Josef, als er eines Tages im Feldlager fünf Kuriere auf einmal erhielt.

In einem Gespräche mit dem Baron von Breteuil, dem französischen Botschafter in Wien, über den Vortheil der

Thätigkeit und überhaupt über die Nothwendigkeit der Wünsche, welche jener Nahrung geben, sagte Kaiser Josef: „Es scheint mir unmöglich, von den letzteren nicht immer einen hinreichenden Vorrath zu haben, um die Thätigkeit in vollem Spiel zu erhalten, weil ich glaube, jederman müßte stets sein Dichten und Trachten darauf richten, seine Habe zu vermehren."

(Pg.)

Der Vorsteher einer Provinz bat den Kaiser, daß er zu einer Preisschrift die Frage öffentlich aufwerfen dürfe, wie der von Tag zu Tag immer mehr zunehmenden Theuerung der Lebensmittel in der Provinz abgeholfen werden möge, und meinte zugleich, daß 100 Dukaten für die beste Antwort eine reichliche Belohnung wären. Josef fragte ihn, wie viel Räthe er habe? Einen Stellvertreter und zwölf Räthe, antwortete jener. „Nun gut," entgegnete Josef, „so wollen wir die Preisfrage genehmigen und die Antwort so zu belohnen versprechen, daß derjenige, der die Frage mit dem besten Erfolge beantwortet, Vorsteher der Provinz, der diesem in der Antwort am nächsten kommt, dessen Stellvertreter, und so noch zwölf nach dem Maße ihrer in der Sache geäußerten Einsicht Räthe werden sollen." Der Vorsteher und seine Räthe sorgten nun, daß die Theuerung in einiger Zeit gehoben wurde, ohne Preisausschreibung.

(Sd.)

Ein redlicher Mann, der allgemein als ein Liebling des Monarchen ausgerufen, beschwerte sich, daß ein böser

Mensch in einer öffentlichen im Auslande erschienenen Schrift von ihm behauptet, er habe sich in so wenigen Dienstjahren am Hofe etwas über eine Million erworben. Josef sah ihn ganz ernsthaft an und sagte: „Gereicht Ihnen dies etwa zur Unehre oder ist es eine Unwahrheit? Ich dächte doch, die Gnade des Monarchen dürfte immer etwas über eine Million sein."

(Sch.)

Der Kaiser glaubte die Hofstellen in einen ordentlicheren Gang zu bringen, wenn er selbst den Rathsversammlungen vorsitzen würde. Einmal war er durch wichtigere Geschäfte aufgehalten und kam eine Stunde später. Als er die Treppe hinaufging, traf er auf einen Rath, der auch zu eben der Zeit ankam. „Lieber Herr Hofrath," sagte Josef, „wir zwei werden heute wol vom Präsidenten einen Wischer bekommen, daß wir so spät eintreffen."

(Sch.)

Der Kriegsminister machte dem Kaiser nach einem langjährigen Kriege die Vorstellung, es wäre an der höchsten Zeit, dem Kriege ein Ende zu machen, weil die Kassen zu sehr erschöpft wären, um denselben mit gutem Erfolge fortsetzen zu können. Josef antwortete ihm: „Mein Lieber, mir scheint vielmehr, daß die Kassen von der feindlichen Seite erschöpft sein müssen, weil Sie mir erst nach so vielen Jahren diesen Rath geben!"

(Sch.)

Ein Schwätzer entdeckte dem Kaiser, daß ein hoher Kriegsbeamter in einer Gesellschaft habe verlauten laſſen, er getraue ſich mit 80.000 ſolcher, wie der beſprochenen, Huſaren alle Staaten des Kaiſers zu erobern. Joſef antwortete lächelnd: „Der Mann ſprach ganz richtig, denn wenn er 80.000 ſolche Huſaren hätte, müßte er verhältnißmäßig dreimal ſo viel Kriegsvolk haben als ich, und dann wäre er ein Monarch, der es mit mir ohne Anſtand aufnehmen könnte." Der Verräther wollte ſich doch einigermaßen rechtfertigen und ſagte: „Ein Mann von ſo hoher Kriegscharge hätte wenigſtens in ſeinen Reden und Ausdrücken beſcheidener ſein ſollen." — „Dies," erwiderte Joſef, „werde ich ihm auch ernſtlich zu verweiſen wiſſen, damit er ſich ein andermal beſſer umſehen möge, in weſſen Gegenwart er ſpreche."

(Sch.)

Ein Unterbeamter beklagte ſich beim Kaiſer über eine ſchändliche Mißhandlung, die ſein Vorgeſetzter an ihm begangen, blos deshalb, weil er es demſelben zu verſtehen gab, daß er es für ſeine Pflicht hielte, Anzeige zu machen, wenn ſo ungerechte Geldſchneidereien bei gewiſſen Ausfertigungen fortgeſetzt würden. Joſef ließ den Vorſteher zu ſich berufen, und der Unterbeamte mußte in deſſen Gegenwart ſeine Klage wiederholen; dabei entfiel ihm das Wort Schurkenſtreich. Der Vorgeſetzte fiel ihm heftig in die Rede: „Hören Sie! Sie vergeſſen ſogar in Gegenwart des Monarchen der ſchuldigen Ehrfurcht und werfen hier an dem geheiligten Orte mit Schurken umher!" Joſef aber, dem Unterbeamten lächelnd auf die Schulter klopfend, ſagte:

„Reden Sie immer fort, wie Sie angefangen haben, denn wofern die Schurken sich erkühnen, in diesen geheiligten Ort einzutreten und sich vor das Angesicht des Monarchen zu stellen, so darf ein ehrlicher, redlicher Mann hier minder Bedenken tragen, eine Sache auch mit ihrem ganz eigenen Namen zu benennen."
(Br.) (Sch.)

Der Kaiser kam einst mit einigen hohen Hofbeamten im Gespräche auf den alten Hofgebrauch, einen Narren zu halten. Man sprach für und gegen, bis Josef mit einem ernsthaften Blick, besonders auf einen gerichtet, entschied: „Die Narren waren doch immer eine gute Sache, denn die Monarchen hörten doch zuzeiten passende Wahrheiten, die ein anderer vielleicht nicht so klar und offen zu äußern sich die Freiheit genommen hätte." Der, welcher sich durch Josef's scharfen Blick getroffen fühlte, erwiderte mit Schamröthe: „„Ich wenigstens nehme mir jederzeit die Freiheit, Euer Majestät die klarste Wahrheit zu sagen."" — „Dafür," fiel ihm Josef in die Rede, „werde ich auch nie einen Hofnarren gebrauchen, so lange Sie bei mir dienen werden."
(Sch.)

7.

Josef über Handwerk, Gewerbe und Handel, Presse, Buchhandel und Censur.

— · —

„Bei Regulirung der Handwerke und Professionisten ist hauptsächlich das Augenmerk dahin zu richten, daß alle Einschränkungen auf eine gewisse festgesetzte Zahl aufgehoben und den Magistraten aufgetragen werde, daß jenen Gesellen, welche die gehörigen Fähigkeiten besitzen, das Meisterrecht, ohne Unterschied, ob sie Fremde oder Inländer sind, und ohne Vorzug für Meisterföhne, nicht erschwert werden soll."
(Ott. 1783.)

„Die Magistrate, die ohnehin mit in den echten Grundsätzen zur Beförderung der Industrie und Gewerbsamkeit bewanderten Leuten besetzt seien und welche die Umstände ihrer Bürger am besten kennen müssen, haben nach Umständen jenes, was zum Nutzen des Publikums, Vermehrung der Konkurrenz und Wohlfeilheit des Verschleißes, dann zum Besten der Handwerke selbst erforderlich ist, zu veranlassen."

(Okt. 1783.) (Mey.)

„Wo kein fixirter Preis ist und keine Zunftgerechtigkeiten, da ist nie ein Mangel" — war des Kaisers ausgesprochene Ansicht. Dies antwortete er auf einen Vortrag hinsichtlich des in Prag auftretenden hohen Preises des Rindfleisches, und er fügte hinzu: „Die Kanzlei soll dem Gubernio auftragen, den Prager Fleischhauern zu erklären, daß den Tag, wo das Fleisch um 1 Pfg. theurer wird, jederman erlaubt sein solle, Fleisch auszuhauen und zu verkaufen, wo alsdann der Mangel gewiß abgeholfen und wenigstens der Preis dahin festgesetzt werden wird, wohin ihn die Natur und Ordnung der Sache zu leiten vermag."

(Juli 1782.) (Mey.)

„Die natürlichste Verfassung wird auch in anderen Staaten mit Nutzen beobachtet, wenn nämlich jederman ohne Beschränkung gestattet würde, Mehl und Brot von aller Gattung, Größe und beliebigem Gewicht, nur unter der Aufsicht der Polizei, damit für den Gesundheitsstand keine Gefährde sich ergäbe, frei auszubacken und zu verkaufen, da jeder nur durch die Qualität, Preis, Größe und Gewicht sich die Käufer selbst zuzuziehen hätte; ingleichen auch daß jederman auf dem Lande frei stände, das Brot zum Verkauf hierher zu bringen, nicht minder mit Mehl, Gries und Grützlerei-Gattungen frei zu handeln. Bei dieser freien Kon-

kurrenz würde am sichersten das Publikum die wohlfeilsten
Preise immer erhalten."

(Febr. 1781.) (Mey.)

„Privativa" (Privilegia) „auf Manufakturen zu geben,
welche in das Große gehen und von dem gemeinen Mann
gebraucht werden, ist immer schädlich und verwerflich. Dies
könnte also nur höchstens auf Galanterie= und Luxuswaaren,
welche nur von den Reicheren und Wohlhabenderen gebraucht
werden, auf einige Jahre ertheilt werden, weil erstere nur
durch die wahre Verbreitung nutzbar werden."

(Juli 1785.) Mey.

„Sobald ein Landesprodukt, was jetzt noch gar nicht
oder zu ganz anderem Gebrauche ist benutzt worden, von
neuem durch eine Erfindung kann nutzbarer gemacht werden,
so muß solches nothwendig dem Erfinder ab aerario abgekauft,
öffentlich kundgemacht und zu jedermans Gebrauche frei
überlassen, oder es muß ihm wenigstens ein Privilegium
privativum auf mehrere Jahre, damit er den Fruchtgenuß
seiner gedeihlichen Erfindung erhalte, ausgefertigt werden."

(Febr. 1785, als Motiv bei Verleihung eines
Patents zur Bearbeitung eines inländischen
Gewächses nach Baumwollenart.)

„Die Ursache, daß dieses den Cotton=Fabriken im Lande
schädlich sein möchte, weil man ein Material von einem

Landesprodukt finden könnte, welches das aus der Fremde
kommende ersetzen würde, ist ein solcher Barbarismus gegen
alle echten Grundsätze, daß ich es als bloßen Errorem calculi,
nicht mentis ansehen will."

(Gegen gewisse, bei diesem Anlaß laut gewordene
Zunftbedenken.) (Mey.)

„Es kommt auf zwei Sachen an, die der Staat allein
zu unterstützen und zu betrachten hat: die Errichtung ganz
neuer, im Lande noch nicht bekannter und dennoch für die
große Zahl und für beständig nothwendiger Artefaktoren;
dann die Verbesserung und Vermehrung der im Lande schon
bestehenden, wodurch sich allein auch ein auswärtiger Handel
mit denselben vielleicht hoffen ließe."

(Juli 1785.) (Mey.)

„Den Manufakturisten, wie vormals geschah, mit bloßen
ärarialischen Vorschüssen herbeizuziehen, zu etabliren und zu
erhalten zu trachten, war das wahre Mittel, dem Aerario
und einigen Partikuliers das Geld aus dem Säckel zu spielen
und mit Erstickung der Industrie ungeschickte, unerfahrene
und unehrliche Fabrikanten, welche sich auf nichts als Pro=
tektion, die sie auf was immer eine Art erkrochen, oder die
sich auf ihr Mundstück verließen, welches auf die blöden und
doch habsüchtigen Geldverleiher wirkte, herbeizuziehen. —
Auf diese Weise wurde das Staats= und Partikulargeld in
Häuser, Gebäude, in Gastereien, in Artefakta, die nur blen=
deten und nicht zum Verkauf waren, versplittert, und Personen

leiteten die Geschäfte, die selbst mit interessirt waren, oder an der Gasse zusammengetrommelte Witzlinge, welche, weil sie mit Millionen umherwarfen und Sachen sagten, die niemand verstand, für wahre, große und eingehende Männer gehalten wurden und durch mehrere Jahre den Staat prellten. — Da gemeiniglich Sachen, die auf das äußerste gekommen, auch nur mit äußersten Mitteln entgegengearbeitet wird, und es der Menschheit ganz eigen ist, wo sie ein Uebel erkennt oder fühlt, das diesem entgegengesetzte Extrem als das Summum bonum zu ergreifen, so geschah es auch in dieser Gelegenheit, und gab man gar nichts mehr zur Unterstützung der Fabrikatur im Lande, sondern durch ein versüßtes, aber bitter für die Industrie ausfallendes Mauthsystem ließ man das Land mit fremden Produkten ganz versehen und überschütten. — Aus diesem betrübten Zustand wurde der Staat durch die letzte Mauthbelegung und durch die Verbote" (der Einfuhr ausländischer Waaren) „neuerdings gerissen."

(Juli 1785.) (Mey.)

„Diejenigen Waaren, so die Mode für einen Augenblick aufbringt, und die in kurzer Zeit wieder verschwinden, die nur zum Prunk von sieben Windmachern oder neunundneunzig Närrinnen in einer Hauptstadt dienen, diese müssen in keine Rücksicht genommen werden und verdienen weder Unterstützung noch Vorschuß noch Privilegien."

(Juli 1785.) (Mey.)

„Was die Verfeinerung und Vermehrung derjenigen Artikel betrifft, die schon im Lande erzeugt werden, so ist

hierbei eine ganz andere Vorsicht nöthig, wenn man nicht
diejenigen, die schon im Lande bestehen, durch Unterstützung
fremder über den Haufen werfen will. In diesen Fällen
taugen Vorschüsse nichts, Privilegien noch weniger, sondern
alsdann muß man Prämien oder Preise ankünden und auch
richtig an diejenigen austheilen, die in einer proportionirten
Zahl ihre Stühle vermehrt, ihren Verschleiß merklich ver-
größert und ihre Waaren auf einen höheren Grad der Verfeinerung gebracht oder sich dadurch einen Verschleiß ihrer
Waaren auch in der Fremde sogar zugezogen hätten."

(Juli 1785.)

Des Kaisers Absicht mit dem im April 1784 vorgelegten verbesserten Patentaufsatz über die Ausmessung der
Zölle und über Bestimmung der Einfuhrverbote ließ er dem
Publikum damit erklären: „Der Endzweck dieser Einrichtung
ist nicht in der Vermehrung des Gefälles, sondern darin zu
suchen, den inländischen Fabriken und Manufakturen einen
besseren Vertrieb und Verschleiß zu verschaffen und das gemeine Wesen durch die Herabsetzung des Zolles auf die nutzbaren, nothwendigen und inner Landes nicht erzeugten
Waaren, in der Herbeischaffung dieser Waaren aus der
Fremde, zu erleichtern."

„Zum Emporkommen der inländischen Erzeugnisse, und
daß ich der Herrschaft des Luxus und der Moden einen Damm
setze, sind meine Befehle in Ansehung eines allgemeinen
Verbotes der ausländischen Waaren bekannt gemacht worden.

„Das österreichische Kommerz ist durch den überhandnehmenden Gebrauch ausländischer Produkte nur noch passiv gewesen, und der Staat, der mehr denn 24 Millionen jährlich hierbei verlor, würde, ohne den Ertrag unserer vortrefflichen Bergwerke, beinahe schon gänzlich entkräftet gewesen sein. Bisher war es beinahe eine besondere Absicht der österreichischen Regierung, die Fabrikanten und Kaufleute der Franzosen, Engländer und Chinesen zu ernähren und sich aller der Vortheile selbst zu berauben, die ein Staat nothwendig haben würde, wenn er durch eigene Industrie für die Nationalbedürfnisse Sorge getragen hätte."

(An den Kanzler Graf Kolowrat, Okt. 1784.)

„Ich war sicher, daß bei diesem Umstande" (der Einführung einer neuen Mauthbelegung und der Verbote ausländischer Fabrikate) „alle theils nicht weit über die Nase sehenden und materialistischen, dann faulen Geschöpfe aus den Verbotsgesetzen den Schluß ziehen würden, daß also wieder wie vormals die Staatsplünderung und monopolistische Veranlassungen ihren Anfang nehmen müssen, weil man unum facere et aliud non omittere (eins thun und das andere nicht unterlassen) Ueberlegung, Kenntniß, Kaltblütigkeit und Standhaftigkeit braucht. Es traf auch wirklich ein. Kaum war das neue Mauthsystem heraus, so waren eben so viele Begehren auf Vorschüsse und so viele Projekte von Fabrikenerrichtung und Vermehrung da. Dieses konnten natürlich nur im ersten Anfalle die von Hunger und Durst nirgends Abwehr findenden, theils inländischen, theils ausländischen,

ohne einen Groschen Geld zu Fuß ankommenden Millionen-
macher sein. Ich widerstrebte also denselben durch den Vorsatz
und den auch nicht so ganz unrichtigen Schluß, daß, wenn eine
Sache gut ist, sie sich von selbst macht, und wenn sie es nicht
ist, der Staat nicht der Betrogene sein solle."

(Juli 1783.) (Mey.)

"Einem ehrlichen Kaufmann dient es zur Ehre,
wenn man alle seine Waaren bei der Untersuchung ordentlich
verzollt befindet, und nur der Betrüger schreit dagegen."

(Inbetreff der eingeführten Visitationen, Juli 1783.)

"Dem Trattner" (einem Verleger und Drucker) "sowie
jedem anderen ist die Nachdruckung unschädlicher Bücher als
ein bloßes Negotium frei zu gestatten." (Dezbr. 1780.) Doch
waren die Rechte inländischer Autoren geschützt. "Dem
Trattner kann in diesem speziellen Falle der Nachdruck der
Schmid'schen Schriften nur gestattet werden, wenn er die
Einwilligung des Autors dazu erhalten und solche beigebracht
haben wird." Der Nachdruck war in allen Ländern noch gesetzlich gestattet. Josef selbst hätte ihn sonst gern aufgehoben
gesehen. "Sobald als alle unter ihrer Botmäßigkeit Buchdrucker habenden unabhängigen Fürsten und Staaten gemeinschaftlich diese besonders für die vor Hunger darbenden
Literaten zwar billige hier vorgeschlagene Einschränkung
eingehen werden, so werde ich gewiß nicht der letzte sein;
bis dahin aber will auch ich nicht vielleicht der einzige sein,

welcher, um von ihnen besungen zu werden, den geprellten Verbieter eines für meine Inwohner und Buchdrucker vortheilhaften Handels darstellte. Es verbleibt also bei dem Nachdruck ausländischer Werke, bis diese glücklichen Zeiten eines allgemeinen Einverständnisses einmal erscheinen."

(Mai 1784.) (Mey.)

Gegenüber den Anträgen der Behörden, daß sich Buchhändler mit gelehrten Kenntnissen ausweisen müßten, gerieth der Kaiser über dergleichen Umständlichkeiten in Ungeduld und resolvirte am 5 August 1788: „Ich kann nicht begreifen, wie man immer an dem Einfachen vorbeischießt und in das Vielfache und Zwangvolle geräth, wenn es nicht der persönliche Wunsch der Geschäftsleiter ist, viele Sachen zu thun zu haben und dadurch ihre Autorität geltend zu machen und ihre Protektionen austheilen zu können. — Die Buchdruckerei muß frei sein und ebenso der Buchhandel im Laden und im Hausieren. Alle angekauften Gewerbe desselben hören also auf und ist keine Zahl zu bestimmen. Wer sich Lettern, Farbe, Papier und Presse anschafft, kann drucken, wie strumpfstricken, und wer gedruckte Bücher sich macht oder anschafft, kann selbe verkaufen; jedoch haben alle den öffentlichen Polizei- und Censurgesetzen genauestens zu unterliegen. Die Attestate und Prüfungen der Gelehrsamkeit, welche der Regierungsreferent von demjenigen, der eine Buchhandlung führen will, fordert, sind ganz absurd. Um aus der Lesung der Bücher einen wahren Nutzen zu ziehen, da braucht es viel Kopf, und würden wenige die Prüfung aushalten, ob ihnen das Lesen wahrhaft nutzbar sei. Um aber

Bücher zu verkaufen, braucht es keine mehrere Kenntniß, als um Waaren zu verkaufen; nämlich ein jeder muß sich die Gattung von Büchern oder Waaren zeitlich anschaffen, die am mehrsten gesucht werden, und das Verlangen des Publikums durch Preise reizen und benutzen."

(Mey.)

Feige Anonymität widerstrebte dem biederen Sinne des Kaisers, weshalb er verordnete: „Bei was immer Kritiken oder Büchern, die hier in Druck gegeben werden, ist keines, es mag noch so unschuldig, noch so gut sein, zuzulassen, wenn nicht der Name des Autors darauf steht, und ist daher allen anonymen oder unter fingirten Namen erscheinenden Schriften ohne weiteres der Druck nicht zu gestatten." (Okt. 1781.) „Bei ganz besonderen Umständen, wo es um wahrhaft nützliche Schriften zu thun ist, und der Verfasser seinen Namen nicht bekannt zu machen gleichwol erhebliche Ursache hätte, kann nach dem Ermessen der Censurkommission gestattet werden, dergleichen Schriften unter einem fremden benannten Druckort auch anonymisch herauszugeben."

(März 1782.)

Verbietenden Monopolen im Preßfache war der Kaiser nicht hold, keiner sollte einen Vorzug genießen. So ertheilte er einem Buchdrucker in einer Provinzialstadt zwar die nachgesuchte Erlaubniß zum Druck einer Zeitschrift, doch mit der Bemerkung: „ihm kein solches Privilegium auszufertigen, welches anderen verbiete, ebenfalls eine solche

Zeitung zu drucken, weil überhaupt derlei Privativa in den Ländern keine mehr stattfinden." (Mey.)

„Die Frage, ob man irregehe, wenn sich Bücher einschleichen, die zu verbieten wären, als wenn man mit äußerster Strenge viele gute Bücher zurückweist, unangenehme Zwangsmittel anwendet, ja einen wesentlichen Handelszweig sich selbst sperrt? wird dahin entschieden, daß man gegen alles, was ungereimte Zoten enthält und woraus die Gelehrsamkeit keine Aufklärung ziehen kann, streng, gegen alles übrige aber, wo Gelehrsamkeit, Kenntnisse und ordentliche Sätze sich finden, um so mehr nachsichtig sein soll, als erstere Klasse ohnedem nur von dem großen Haufen und schwachen Seelen gelesen wird, letztere aber nur schon vorbereiteten Gemüthern und kenntnißvollen Köpfen unter die Hände kommt. — Bücher, die systematisch die katholische und öfter gar die gesammte christliche Religion angreifen oder lächerlich machen wollen, werden auf keine Art geduldet."

„Da durch diese Jahre der Beweis klar vorhanden liegt, daß unendlich viel Broschüren nur geschmiert werden und schier keine einzige noch an das Tageslicht gekommen ist, die der hiesigen Gelehrsamkeit Ehre gemacht oder dem Publikum einige Belehrung verschafft hätte, so ist künftig jeder Autor, der eine Broschüre drucken lassen will, zu verhalten, sogleich bei Einreichung derselben an die Censur 6 Dukaten bei dem Revisionsamt zu erlegen. Wird sein

Werk durch die Censur zum Druck approbirt, so sind ihm die erlegten 6 Dukaten zurückzustellen; wird dasselbe aber verworfen, so sind die 6 Dukaten zu behalten und dem Armenfonds zuzuwenden; wodurch hoffentlich die unnützen Broschürenschmierer eingehalten und die Leute bewogen werden, sich auf was Nützliches zu verwenden. Die Censur wird überhaupt hinfort mit mehr Ernst darauf sehen, damit unnütze, mit Unsinn angefüllte Broschüren, die auch oft gegen die Sitten sind oder Schmähungen gegen die Geistlichkeit, dann nur Rekokta enthalten, verworfen und zum Druck nicht zugelassen werden, und der Erlag von 6 Dukaten dem Armen-Institute zugute komme." (April 1784.)

„Die Stempelung" (Stempelsteuer) „und die daraus entstehende Belegung der verschiedenen Zeitungen, öffentlichen Tags- und Wochenblätter und sämmtlicher Broschüren, dann Komödien, überhaupt was nicht ordentliche Werke sind, ist allerdings als das wirksamste Mittel einzuführen, die Sudler, die schon seit der bestehenden Preßfreiheit so viel Unsinn und wenigstens so viel abgeschmacktes Zeug zur Schande der sogenannten aufkeimenden Nationalliteratur und Aufklärung hervorgebracht haben, künftig zu mäßigen und auch künftig dergleichen Schrifteneinführung hintanzuhalten. Das daraus gelöste Geld will ich zur Errichtung eines so nothwendigen als nutzbaren sogenannten Paedagogii oder Schulinstituts zur Bildung für Schullehrer verwenden. Dieses wird ganz gewiß weit ersprießlicher und wirksamer als alles, was von diesen Schriften annoch herausgekommen ist und vermuthlich noch

herauskommen wird, zur Aufklärung und Bildung der Nation,
sowie zu deren Ehre in der Fremde sein." (Jan. 1789.)

Autoren, welche durchaus keine Hoffnung gaben,
überhaupt etwas Gutes oder Zweckmäßiges zu Tage
zu fördern, suspendirte der Kaiser sogar von aller öffent=
lichen Schriftstellerei, so z. B. September 1782 einen un=
berufenen Odenschreiber mit dem kurzen Bescheid: „Die
Ode des N. N. ist zu verbieten und dem Verfasser zu unter=
sagen, bis auf weitere Erlaubniß etwas drucken zu lassen."

„Kritiken, wenn es nur keine Schmähschriften sind, sie
mögen nun treffen, wen sie wollen, vom Landesfürsten an
bis zum Untersten, sollen, besonders wenn der Verfasser
seinen Namen dazu drucken läßt und sich also dadurch für
die Wahrheit der Sache als Bürgen darstellt, nicht verboten
werden, da es jedem Wahrheitsliebenden eine Freude sein
muß, wenn ihm solche auch auf diesem Wege zukommt."

(Censurgesetz vom 11. Juni 1781.)

„Sind diese Kritiken schlecht, so werden sie von selbst
fallen; sind sie gut, so werden wir alle daraus lernen."

„Die Censur in Wien" (d. h. die Aufhebung der geistlichen Büchercensur) „scheint Sie zu beunruhigen. Es würde mir ebenso gehen, wenn ich die Menschen nicht genug gesehen hätte, um zu wissen, daß es wenige gibt, die lesen, wenige, die daraus lernen, und wenige, die wissen, was sie schreiben. Muß man sich mit so beschaffenen Wesen nicht noch mehr vor dem Verbot als vor **schlimmen Büchern fürchten**? Denn das erstere ist es, was die letzteren lesen macht. Ohne das unglückliche Verbot würden wir noch alle -- nackend im irdischen Paradiese spazieren gehen."

(Gegen den Erzbischof Kurfürst von Trier, Oktober 1781.)

„Reisende sind wegen der etwa bei sich habenden Bücher von aller Untersuchung freizulassen."

(Verfügung vom 21. Sept. 1782.)

8.

Josef als Sohn, Gatte und Bruder.

„Mein Vater hatte die zärtlichste Zuneigung für mich gehabt. Er war mein Lehrer, mein Freund und der größte Prinz seines Hauses; würdig des Zutrauens seiner Familie sowie jenes seines ganzen Volkes. Großmüthig, gerecht, wohlthätig, ein Freund der Wissenschaften, Künste, der Armuth und des Bestrebens, sich emporzubringen, war er Kenner der Privatverdienste selbst als Monarch."

(20. Aug. 1765.)

„Der traurigste Schlag, der uns nur drohen konnte, hat uns getroffen. Wir verlieren den zärtlichsten Vater, den besten Freund. Unterwerfen Sie sich der Vorsehung, lassen Sie uns für die Ruhe seiner Seele beten und die Liebe zu unserer erhabenen Mutter, das einzige Gut, welches uns übrig bleibt, verdoppeln; ihre Erhaltung ist meine größte Sorge in diesem schrecklichen Augenblick."

(20. Aug. 1765.) (G. B.)

„Es ist über die Fähigkeit eines menschlichen Wesens, den hohen Grad von Schmerzen, das Uebermaß von Empfindungen so darstellend zu schildern, wie es das Herz eines Sohnes fühlt, der seinen Vater auf ewig verliert, von dem er überzeugt war, daß er geliebt wurde. Im Moment von den schrecklichen Leiden, die mich folterten, vergaß ich meine Mutter nicht. Aber konnten Trostgründe eines Sohnes, dem die Wehmuth das Herz zerrissen, konnten sie ein Ersatz für den grausamen Schlag sein, den ihr das Schicksal versetzte?"

(Nach dem Tode seines Vaters, 20. Aug. 1765.)

„Ich habe jederzeit die größte Hochachtung für ihre Tugenden und die vollkommenste Ehrerbietung für ihren Charakter gehabt. Ich verehre ihr Gedächtniß, und ihr vortreffliches Herz wird mir unvergeßlich sein, so lange ich lebe."

(Ueber Maria Theresia, Dez. 1780.)

– – –

„Wenn Aeltern kein Vertrauen zu ihren Kindern haben, so sind ihnen diese auch keines schuldig."

(Rau.)

– – –

„Die Vorsehung hat mir in frühen Tagen den Kelch des Leidens hingegeben, da ich meine Gemahlin verloren, nachdem ich sie kaum drei Jahre besaß. — Theure Elise!

Du bist unvergeßlich für meine Tage — und seit Deinem Tode habe ich unnennbare Leiden gefühlt."

(20. August 1765. Ueber seine erste Gattin). (Br.)

„Für das Mißvergnügen, dem sich öfter ein Monarch ausgesetzt sieht, dadurch, daß ihn das Schicksal zum König gemacht, suche ich die Ruhe und die häuslichen Freuden, die uns der Thron geraubt, im Quadro von Lucil, in dem Zirkel meiner Familie."

(Februar 1786.)

„Meine Brüder sind mir so theuer, meine Schwestern so verehrungswürdig; seitdem ich die Vaterfreuden verloren, sind sie mir der Ersatz für alles geworden, was mir das Schicksal geraubt."

(Febr. 1786.)

„Der Großherzog von Florenz ist ein Prinz, der patriarchalische Vorzüge besitzt; Vater seines Hauses und von seinem Volke zugleich, wird er von jederman geliebt. Toskana ist unter seiner Regierung das glücklichste Land in Italien.

(Febr. 1786.)

„Erzherzog Ferdinand, Generalgouverneur in Mailand, verbindet mit dem Charakter des deutschen Fürsten die schönen Eigenschaften unseres verstorbenen Vaters, gütig, herablassend gegen das Volk und wohlwollend für seine Freunde."

(Febr. 1786).

„Der Churfürst, mein jüngster Bruder, ist zum Regenten geboren. Ich habe die zärtlichste Freundschaft für diesen Prinzen, und das Land, welches ihm die Vorsehung zur Führung anvertraut, wäre zu beklagen, wenn der angemaßte Diktator Deutschlands" (Friedrich II. gemeint) „seine Erhebung gehindert hätte."

(Febr. 1786.)

„Die älteste Schwester, Maria Anna, ist ganz die Tochter der Kaiserin, fromm, tugendhaft und gütig, eine Dame von höherer Menschengattung, geschaffen für die Freuden einer anderen Welt. — Christine, Generalgouvernante in den österreichischen Niederlanden und die Gemahlin des Herzogs von Sachsen-Teschen, meine zweite Schwester, ein vortreffliches Weib. Die Mutterfreuden würden ihr das Loos ihres Lebens verherrlichen. Sie und die Erzherzogin Elisabeth sind beide sehr liebenswürdige Damen. — Die Herzogin von Parma und die Königin von beiden Sicilien sind Amazonen, um mich einer Allegorie zu bedienen; zwei Damen, die sich des Zutrauens ihrer Nationen würdig gemacht, und die Talente genug haben, um Männer und Reiche zu regieren."

(Febr. 1786.)

„Antoinette, die Königin der Franken und die Gemahlin Ludwig's XIV., ist meinem Vaterlande ein theures Geschenk. Ihre Reize fesseln zwei Nationen, die sich drei

Jahrhunderte gehaßt, bekriegt und verfolgt haben Sie wird von dem Volke der Gallier verehrt, von ihrem Gemahl geliebt und bewundert von Europa."

(Febr. 1786.)

"Sehen Sie, mein Freund, in diesem Bild" (nach Schilderung seiner Brüder und Schwestern) "die Quelle meiner Freuden. Sehen Sie hierin, was mir Entschädigung für die Kränkungen ist, die das Diadem verschafft; und wenn der Neid von der Moral gebilligt würde, so beneiden Sie mich des Glückes wegen, das mir meine Familie verschafft, und welche mir das theuerste Geschenk der Vorsehung sind."

(An den Grafen von Provence. Febr. 1786.)

Auf seinem Sterbebette mußte Josef noch die Nachricht empfangen, daß die junge Erzherzogin Elisabeth, die Gemahlin seines geliebten Neffen Erzherzogs Franz, welche er wie eine Tochter liebte, in der Entbindung starb. Der Kaiser war einige Augenblicke wie vernichtet, dann hob er seine thränenschweren Augen gen Himmel und sagte: "O Gott, dein Wille geschehe!" — Und später: "Was ich dulde, ist unglaublich! Ich meinte, ich wäre bereit, alle Todespein zu ertragen, die es Gott gefallen möchte, mir zu senden; aber dieses fürchterliche Unglück übersteigt alles, was ich je gelitten habe."

(Pg.)

9.
Josef über die Frauen.

„Die Koketterie der Frauen" (Wiens bei Anwesenheit einer türkischen Gesandtschaft) „und das Verlangen, reizend gefunden zu werden, ist unglaublich; man würde Bände zu erzählen haben von den Thorheiten, welche begangen und geredet wurden. Das ist sehr lehrreich für jemand, welcher Interesse hat, sein Volk kennen zu lernen."

(An Leopold II., Juni 1774.)

„Ich glaube fast, daß das Außerordentliche bei den Frauen ein Verdienst ist. Ich habe das Talent, sie lachen zu machen, das ist nach meiner Meinung der wahre Weg zu ihrem Herzen. Ich habe immer gesehen, daß, um den Frauen zu gefallen, man sie vor allem amüsiren muß, das übrige folgt leicht daraus."

(An Leopold II., Juli 1768.)

„Die Gesellschaft der Frauen ist für den vernünftigen Mann auf die Länge unleidlich, und ich kann sagen, daß oft ihre klügsten und geistreichsten Einfälle mir den Magen umkehren."

(An Leopold II., Juli 1772.)

„Ich glaube auch, daß es der Höhepunkt des Unheils ist, sich an Frauen hängen; aber sie sehen, mit ihnen umgehen, ihre kleinen Kunstgriffe und Schliche sehen, das ist unterhaltend, und ich gestehe, daß ich mir oft dieses Schauspiel gebe. Es sind größtentheils hirnlose Schwätzer, und da sie oft von Geist sind, ist es gefällig zu sehen, wie sie ihre Sophismen und Vorurtheile einkleiden, allemal, wenn man, die Vernunft zur Hand, ihnen etwas anderes beweisen will. Sie fühlen in diesem Augenblick, daß man sie, wie man sagt, die Füße aufs Meer stellt, so daß sie erzürnt werden, eine andere Ausflucht suchen, sich an ein Wort hängen, endlich das Gespräch von einer anderen Seite drehen, um das Ansehen zu erhalten, gewonnenes Spiel zu haben."

(An Leopold II., März 1775.)

───────────

„Dies ist eine Frau von seltenem Verdienst" (Frau von Windischgrätz), „wenn man sie erkannt, und von welcher ich wohl sagen kann, niemals eine Eingenommenheit, ein Vorurtheil (Prévention) gesehen zu haben, indem sie hört, will und sich der Vernunft unterwirft. Es gibt nicht viele unter dem Geschlechte, das man bezaubernd nennt, welche in dieser Lage sind. Das, was sie wünschen, thut man für sie. Ich sage offen, daß, je mehr ich sie im einzelnen sehe, um so weniger bleibt mir Illusion auf ihre Kosten. Man soll nicht mit kühlem Kopfe und eine Folge von Tagen und Jahren hindurch suchen, daß die Frauen gefallen. Die Trägheit, Leichtfertigkeit, alles ist gegen sie, und es ist nur der Eindruck und der Taumel des Augenblicks, was bei denen obsiegt, welche sich ihnen zuneigen.

(An Leopold II., Febr. 1775.

„Sie kennen meinen Charakter, Sie wissen, daß ich die Gesellschaft der Damen nur zur Erholung meiner Geschäfte erwähle, und daß ich dem schönen Geschlechte niemals meine Grundsätze aufgeopfert habe, ihre Empfehlungen selten und dermalen nur höre, wenn ein würdiger Mann der Gegenstand derselben ist, der mir ohnedies nicht lange unbekannt bleibt."

(An eine Dame, Dez. 1787.)

„Ihrem Gemahl machen Sie die Erinnerung, daß ich künftig in Staatssachen seine direkte Zuschrift verlange; ich habe nicht in Gewohnheit, über die Angelegenheiten meines Reiches mit Damen zu korrespondiren."

(An die Landgräfin von Fürstenberg, Juni 1782.)

„Eure junge Königin ist sehr unbesonnen, aber glücklicherweise mißfällt euch Franzosen das nicht."

(In Paris 1777.) (G.-H.)

„Noch ein wenig" (mehr Roth) „unter die Augen" (geschminkt), „daß Sie aussehen wie eine Furie" —

(sagte Josef zu seiner Schwester, der Königin von Frankreich, die sich stark schminkte). (G.-H.)

„Nachdem die schädliche Wirkung des Gebrauches der Mieder" (um eine schöne Taille erpressen zu wollen) „auf die Gesundheit und besonders den Wuchs des weiblichen Geschlechtes allgemein erkannt ist und die Nichttragung derselben hauptsächlich zu ihrer guten Konstitution und ehelichen Fruchtbarkeit unendlich viel beiträgt, so hat die Kanzlei ein Cirkular an alle Länderstellen zu erlassen, in welchem in allen Waisenhäusern und Klöstern und wo immer sonst eine öffentliche weibliche Erziehung sich vorfindet, die Tragung der Mieder von was immer für Gattung sogleich untersagt; auch soll in sämmtlichen Schulen anbefohlen werden, daß kein Kind weiblichen Geschlechtes mit Mieder aufgenommen und gelitten werde; — da ganze Nationen ohne selbes leben, ja nur um so gesünder und stärker dabei sind."

(Juli 1783.) (Mey.)

Die Gemahlin eines hohen Hofbeamten, eine der schönsten Damen Wiens, spazierte in dem Garten eines der

Lustschlösser tagelang allein umher; Josef hatte es bemerkt und ging ebenfalls allein in den Garten. Jetzt lief ihm die Dame offenbar absichtlich in den Weg. „So ganz allein," sprach sie der Kaiser an, „wo ist denn ihr Herr?" Mit tiefster Verbeugung antwortete die Frau: „Eure Majestät sind mein Herr, und außer diesem habe ich keinen Herrn." — „Sie geben mir ein schönes Beispiel, meine Schöne," erwiderte Josef, „da auch ich keine Frau habe, so werde ich auch allein spazierengehen." Damit ließ er sie stehen und ging weiter.

(Sch.)

Ein Weib eines im Dienste des Kaisers stehenden braven Mannes kam mit Klagen über ihren Mann zur Audienz. Sie äußerte sich wüthend, weil ihr Mann sie sogar geschlagen habe. Josef antwortete ihr ganz gelassen: „Mein Kind, was ihr Eheleute miteinander habt, das geht mich nichts an." — So, so? schrie das Weib, Eure Majestät müssen aber wissen, daß der schlechte Mensch auch selbst über Eure Majestät geheiligte Person schimpft. Josef fiel ihr ebenso gelassen wie vorher in die Rede: „Mein Kind, was ich und mein Diener miteinander haben, das geht Sie nichts an."

(Sch.)

Ein Rathgeber des Kaisers rühmte einst, als sich eine Dame zur Audienz meldete, unbefragt deren ausnehmende Schönheit und vergaß sich so weit, zu bemerken, wenn die Dame an einem anderen Hofe wäre, würde sie ohne Zweifel das Glück einer sogenannten erklärten Mätresse zu genießen haben. Josef fiel ihm in die Rede: "Wie, sprechen Sie nicht französisch?" Ja, Ew. Majestät, ich spreche es gut. — "Dies scheint mir nicht," entgegnete Josef, "denn sonst müßten Sie ja die echte Bedeutung des Wortes Mätresse wohl verstehen und als ein so gut rathender Staatsmann wohl wissen, daß eine Gebieterin sich mit einer unbeschränkten Souveränetät" (die jener dem Kaiser vorher gerathen) "nicht vertragen kann." Mit diesen Worten verließ Josef das Zimmer und befahl, der Dame zu sagen, sie solle sich mit ihrer Angelegenheit an den Großen ihres Landes wenden, der eben bei ihm wäre, und den er deswegen sogleich nach Hause schicken werde.

(Sch.)

10.

Josef als Vater der Armen.

„Der wahre Arme, der durch Unglücksfälle, Leibes=
gebrechlichkeit und Alter unfähig zur Arbeit gemacht, sich
seinen Unterhalt nicht verdienen kann, hat auf das allge=
meine Mitleiden gegründeten Anspruch. — Der muthwillige
Bettler, der an Körper und Leibeskräften gesund, aus Träg=
heit und Hang zum Müßiggange nicht arbeiten will und
Betteln einer ehrbaren Erwerbung vorzieht, verdient die
Strenge der Gesetzgebung. — Aber die Anstalten zur Ver=
sorgung wahrer Armen und die Vorkehrungen zur Abstellung
des muthwilligen Bettelns sind so genau miteinander verbunden,
daß sie sich wechselseitig unterstützen und erst voneinander
die volle Wirksamkeit erhalten müssen. Wenn der Müßig=
gang den Antheil der würdigen Armuth an sich reißt, so wird
die öffentliche und Privatwohlthätigkeit wider Absicht und
Bestimmung erschöpft; und ein einziger wahrhaft Noth=
dürftiger, der mit Grund sich beklagen kann, daß die öffent=
liche Versorgung ihn seinem Elende hilflos überläßt, dient

unzählbaren Müßiggängern zu einem scheinbaren Vorwande, ihre Faulheit zu bemänteln und die gegen sie gekehrte billige Strenge der öffentlichen Aufsicht als Härte und Grausamkeit zu verschreien. Von diesem Gesichtspunkte muß es jederman deutlich in die Augen fallen, wie wichtig ergiebige Versorgungsanstalten nicht nur von der Seite sind, von welcher sie Dürftigkeit und Alter unterstützen, sondern auch von derjenigen, von welcher sie auf die Verminderung des Bettelns einwirken, das als die Pflanzschule der größten Unordnungen im allgemeinen zum unendlichen Nachtheile gereicht und insbesondere durch Ueberlauf und ungestüme Zudringlichkeit jederman nur sehr überlästig fällt." (Aug. 1783.) (C. j.)

„Das geheiligte Vermögen der Armuth" — nennt Josef in einem Bescheide vom 30. Nov. 1783 den betreffenden Stiftungsfonds, ist aufgebracht über die kostspielige Verwaltung und findet es unbegreiflich — „wie 14.000 fl. blos für die Administration, so in 31 Personen bestehen soll, gerechnet werden, und scheint es schier, daß man in der Verfertigung dieses Vortrages mehr auf diese Anzustellenden als auf die etlichen tausend Almosen zu empfangen habenden gedacht hat." (Mer.)

„Wenn die Wohlthaten des Adels, der Klerisei, der angesehensten Bürger und selbst des arbeitsamen Volkes, das von den Erwerbungen seines Schweißes die Noth seiner Mitmenschen zu erleichtern so geneigt war, wenn diese häufigen bis nun erwiesenen Wohlthaten nicht genügsam, ergiebig und größtentheils ohne Wirkung zu sein schienen, so kam es daher, daß die Privatmildthätigkeit ohne Richtung sich selbst überlassen und ihr bei dem Zusammenflusse würdiger und unwürdiger Menschen die Wahl beinahe unmöglich gemacht ward. Man erweist also ohne Zweifel den Herzen aller gutthätigen Menschen, dem Staate und der wahren Armuth einen wesentlichen Dienst, wenn man die Privatwohlthätigkeit gewissermaßen aufklärt und auf diejenigen Gegenstände leitet, denen sie das Gute, so sie erweist, ohnehin vorzüglich bestimmt hat. — Das ist die eigentliche Absicht des unter der Benennung der „Vereinigung aus Liebe des Nächsten" zu errichtenden Armeninstitutes, welches Se. Majestät wegen seiner allgemeinen Anwendbarkeit auf alle gesellschaftlichen Verfassungen, und da es sich mit allen religiösen Meinungen verträgt, bestätigt und dessen Einführung in der Hauptstadt und auf dem Lande genehm gehalten haben."

„Jederman, dem die Erfüllung der edelsten Menschen- und Religionspflicht am Herzen liegt, der für die Noth seiner Mitgeschöpfe Gefühl und für die Unterstützung gemeinnütziger Einrichtungen Eifer und Antheilnehmung hat, wird diesem Armenverpfleg-Institut beizutreten eingeladen. Jeder kann sich demselben unter selbstgewählten Bedingungen zugesellen, nur werden die sich zu vereinigenden Mitglieder ersucht, zur Erreichung des ausgesteckten Zieles ihre Wohlthaten dieser öffentlichen Anstalt anzuvertrauen und ihr die zweckmäßige Verwendung zu überlassen. Die Absicht dieser Vereinigung ist, wahre Arme zu versorgen und in einer damit verknüpften Folge, die Bettelei sobald als möglich abzustellen."

„Keine Religion, kein Stand kann den vereinbarten Nutzen der Brüder trennen. Jedes Mitglied kann nach seinen eigenen Beweggründen, nach seinen besonderen Umständen Beitrag leisten. Aber dieser einzelne Beitrag, der jeden berechtigt, sich als einen öffentlichen Wohlthäter zu betrachten, da er zu der gemeinnützigen Anstalt mitwirkt, verschafft ihm zugleich den auf sich selbst zurückfallenden zweifachen Vortheil: das beruhigende Bewußtsein, wahre Nothdürftige vom Elende gerettet und sich auf der Straße und in seiner Wohnung von den ungestümen Anfällen der Bettler sichergestellt zu haben."

„Diese Versorgungsanstalt gründet ihre Aussicht ganz auf den freiwilligen Beitrag dankbarer Geschöpfe, welche das Almosen als einen Zehnten betrachten, den sie dem Schöpfer von dem ihnen verliehenen Ueberflusse zu entrichten schuldig sind, gefühlvoller Herzen, die das Elend ihrer Mitmenschen mitempfinden, edeldenkender Menschenfreunde, welche Gutthaten, die wohl anzulegen ihnen Gelegenheit verschafft wird, indem sie dieselben erweisen, selbst empfangen."

„Dadurch vorzüglich unterscheidet sich dieses zum Besten der Armen errichtete Institut von allen anderen, besonders von den eigentlichen Polizeianstalten, daß alles von der freiwilligen Wohlthätigkeit erwartet, niemand eine größere Verbindlichkeit aufgelegt wird, als die seines eigenen wohlthätigen Herzens. Auf die Größe des Beitrages soll bei der Unterzeichnung nicht gesehen werden. Die Edelmuth der Absicht gibt der kleinsten Gabe einen hohen Werth, und niemand ist fähig noch berechtigt, die Freigebigkeit des Dritten zu beurtheilen. Bei minderen Beiträgen wird man vielmehr nach dem Gesetze der Nächstenliebe sich von dem Geber überzeugt halten, daß ein öffentlicher größerer Beitrag seiner Gesinnung minder zusagt und er seine Liebeswerke lieber im Stillen ausübt."

"Von welchem Umfange auch die Polizeianstalten sind" (die durch die liebreiche Vorsorge des Kaisers ins Leben gerufenen Findlings- und Waisenhäuser, Krankenhäuser, Armen- und Siechenhäuser, Arbeit- und Verdienstnachweise-Anstalten), "so scheint es doch nicht wohl möglich, daß sie die Armuth in dem weitläufigsten Verstande des Wortes ganz umfassen und daß es nicht immer Nothdürftige geben sollte, die entweder unter die vorgenannten Klassen der Armen nicht gehören oder auch durch einen Zusammenfluß von Umständen, an der durch die Armenhäuser bereitete Hilfe theilzuhaben, außer Stand gesetzt sind. — Diese nothdürftigen Menschen und Bürger sind es, welche auf die Privatwohlthätigkeit ihrer Mitmenschen, ihrer Mitbürger ihre Hoffnung bauen, welche sich berechtigt halten, von den Gesinnungen der Religion, der allgemeinen Menschenliebe, von dem durch so viele Beweise bestätigten wohlthätigen Charakter der Einwohner dieser Hauptstadt und Provinz erwarten zu dürfen, daß sie in Mitte des gemeinschaftlichen Wohlstandes und Ueberflusses sich nicht dem Mangel und Elende preisgegeben sehen." (1 Aug. 1783.)

„Pfarrer, Prediger und Seelsorger sollen in ihren öffentlichen Vorträgen, Predigten, Lehren und Ermahnungen sowie in den Privatunterredungen das Volk belehren und ermahnen, daß es dem Bettelgesindel weder in Kirchen noch in Häusern noch sonst wo immer Almosen geben, sondern sie gerade an ihre Pfarrer anweisen, bedauernswürdige Hausarme aber nur insgeheim unterstützen möchte. Denn da das Nichtgeben ebenso wie das Geben eine freie Handlung des freien Willens sei, der freie Wille aber durch auf Vernunft und Religionswahrheiten gegründete Vorstellungen gelenkt werden müsse, so dürfte das vorerwähnte Mittel das sicherste sein, dem unordentlichen Almosengeben Einhalt zu thun, wenn die Lehrer des Volkes demselben mit lebhafter Ueberzeugung des Geistes bei allen Gelegenheiten einschärfen und darthun, wie sehr durch das Privat-Almosengeben an öffentliche Bettler der der Obrigkeit gebührende Gehorsam verletzt, die Ordnung im Staate verwirrt, das gemeine Beste verachtet, ja auch sogar die Sicherheit gehemmt werde, indem dadurch vielfältig der Müßiggang und die vom Müßiggange unzertrennlichen verschiedenen Laster und Ausschweifungen genährt, der würdigen Armuth ihre zureichenden Hilfszuflüsse entzogen und an Unwürdige verschwendet würden, wo sodann das so heilsame Armeninstitut übel verrufen, untergraben und endlich ganz vereitelt, die echte christliche Mildthätigkeit durch eine bloße sinnliche, unüberlegte oder gezwungene Barmherzigkeit verdrängt, den Lügen, Vorstellungen und Verleumdungen Beifall gegeben, die untersuchte und geprüfte Wahrheit nicht geglaubt, dann auch eine der Menschheit so angemessene, dem Staate so nützliche, der Religion so rühmliche und von jedem vernünftigen und gutdenkenden Patrioten und Christen so erwünschte Anstalt zertrümmert und ganz zu Grunde gerichtet werden müßte."

(17. Febr. 1784.)

„Es wird dem Publikum bekannt gemacht, daß das öffentliche Betteln schärfest verboten sei; und da die wirklich Versorgungswürdigen in der vollkommensten Zahl durch Stiftungen unterhalten, die zur Arbeit unfähigen oder wirklich nothleidenden Armen aber durch das heilsame Armeninstitut hinfort unterstützt werden, so haben nebst diesem Se. Majestät zur Ausrottung des Müßigganges noch ein eigenes Haus bestimmt, wo die Arbeitsuchenden sich einen Verdienst erwerben können, um den Müßiggängern alle Ausflucht zu benehmen. Diesem zufolge wird jeder Bettler beiderlei Geschlechtes ohne Ausnahme eines Ortes, der sich in Betteln betreten läßt, durch die hierzu bestimmten Personen in das Polizeistockhaus gebracht und dort nach Maß der Uebertretung bestraft werden."

(Oktober 1783.)

„Die Vereinigung sagt nicht mehr zu als die nothwendige Versorgung der Armen. Denn da es bei dieser Versorgungsanstalt hauptsächlich darum zu thun ist, die Hilfe auf jeden wahren Nothleidenden zu erstrecken und ihm die dringendsten Lebensbedürfnisse zu reichen, damit er zu betteln nicht bemüßigt werde, so können Standesansprüche und andere dergleichen Unterscheidungen nicht gehört werden, welche, um wenige mit Ueberfluß zu unterhalten, in die Nothwendigkeit versetzen würden, mehreren das Unentbehrliche zu versagen. Die Versorgung der Armen wird also ohne Unterschied des Standes nach gleichem Maßstabe geschehen. Die Armen von Adel oder aus den vorzüglicheren Volksklassen werden in Absicht auf mehrere Verbesserung ihrer Umstände wie bisher von der Unterstützung besonderer Freunde und Wohlthäter abhängen."

(1. August 1783.)

„Bei der großen Anzahl mildthätiger Menschen, durch deren Beistand verschiedene einzelne Stiftungen dieser Stadt bis jetzt aufrecht erhalten worden, ist es keine übertriebene Erwartung, daß auch außer den gewöhnlichen Beiträgen diesem Institut von unbekannten Händen Wohlthaten zufließen werden. Die Großmuth solcher edlen Menschenfreunde, die durch das leise Bewußtsein der guten Handlung sich selbst lohnen, legt es dem Institute um so mehr auf, sie zu überzeugen, wie ihre geheime Wohlthätigkeit angelegt worden."

(1. August 1783.)

„Ob es zwar dem freien Willen der Gemeinden ꝛc. überlassen ist, wenn nur die Armen wirklich allseitig verpflegt werden, bei welchen Verordnungen es auch ferner ohne allen Zwang zu verbleiben hat, so hat es doch die Regierung für höchst nöthig befunden, allen Seelsorgern auf dem Lande wiederholt aufzutragen, daß dieselben den Gemeinden den Vortheil des Armenverpfleg-Institutes" (wie es der Kaiser durch ein im ganzen Lande kundgemachtes Billet allgemein eingeführt zu haben wünschte) „und die Vereinigung mehrerer Gemeinden in einen Hauptbezirk wohlbegreiflich zu machen trachten sollen; weswegen jene, die sich diesfalls saumselig bezeigen würden, seinerzeit die gehörige Ahndung wegen Vernachlässigung eines Gott so sehr gefälligen, Sr. Majestät sehr angelegenen und der Menschheit höchst nützlichen Geschäftes zu erfahren haben werden; dahingegen jene, die sich diesfalls vor anderen hervorzuthun bestreben nebst der innerlichen Zufriedenheit, ihre Mühe für die Menschheit und Versorgung wahrer Armuth pflichtmäßig angewandt zu haben, auch bei Gelegenheit auf besondere Verdienste gegen Se. Majestät und den Staat Rechnung machen können."

(Febr. 1784.)

„Dem gesammten Publikum soll alle Jahre durch den Druck über die eingegangenen Unterzeichnungsbeiträge, über das in Büchsen gesammelte Almosen und wie diese Zuflüsse verwendet worden, die Ausweisung vorgelegt werden. Bei dieser Oeffentlichkeit in der ganzen Behandlung, durch welche das Publikum zum Zeugen und zur Beurtheilung aufgefordert und demselben gewissermaßen selbst die Controle übertragen wird, verspricht man sich das unumschränkte Zutrauen der ganzen Welt zu verdienen und eben dadurch von den Einwohnern dieser Stadt zu erhalten, daß sie das Almosen, das sie bis jetzt einzeln und manchmal an Unwürdige vertheilt haben, an die aufgestellten öffentlichen Almosensammler zu geben sich werden bewegen lassen."

(1. August 1783.) (L. 1.)

11.

Josef als Mensch; über Gleichheit, Adel, Privilegien, Leibeigenschaft ꝛc.

●—

„Ich war Mensch, ehe ich Kaiser geworden bin, und das ist meine schönste Eigenschaft."

(Bei Gelegenheit einer Feuersbrunst im Februar 1766, wo Josef selbst zur Hilfe eilte.)

„Vor dem Höchsten sind wir alle gleich" — sagte Josef, als er in der Kirche zu Luxemburg bei einem Hochamte mitten unter dem Volke kniete.

(G.-H.)

„Ich habe vor anderen viel voraus; da ich glücklicherweise leutselig bin, so kann ich stets alles erfahren."

(1765.) (G.-H.)

„Ein glücklicher Name" (Graf von Falkenstein, den der Kaiser auf Reisen annahm), „der viel bequemer ist als der der Majestät, da er mir viele Komplimente, die mir zuwider sind, und die nur Langeweile verursachen, erspart."

(Car.)

„Die königliche Majestät muß in sehr schlechten Umständen sein, wenn sie eine nichtsbedeutende Vergoldung nöthig hat, um sich dadurch ein Ansehen zu geben"

(Car.)

Josef trug nur äußerst selten Ringe an den Händen und äußerte darüber: „Man muß sehr schöne Hände haben, wenn man Ringe tragen will."

(Rib.)

„Allen Menschen gewidmeter Belustigungsort, von ihrem Schätzer" — Inschrift des Augartens, womit Josef 1775 denselben dem gesammten Publikum öffnete. Als der Adel sich darüber beschwerte, sagte Josef: „Wenn ich immer unter meinesgleichen sein wollte, so müßte ich zu den Kapuzinern in die kaiserliche Gruft steigen und darin meine Tage zubringen. Ich liebe die Menschen ohne Einschränkung, und der hat einen Vorzug vor anderen bei mir, der gut denkt und ehrlich handelt, und nicht der, welcher kein anderes Verdienst aufweisen kann, als daß er Fürsten seine Ahnherren nennt."

(G.-H.)

„Ich hatte auch ein Töchterchen" — sagte Josef höchst bescheiden, als eine adelsstolze Dame von ihren „jungen Herren" und „gnädigen Fräulein" (ihren Kindern) sprach.

„Ich liebe die Menschen, weil sie Menschen sind, und stelle den einen nur insofern höher als den anderen, als er mehr Verdienst besitzt. Dank Gott, meine Achtung beschränkt sich nicht allein auf die, welche nur Fürsten unter ihren Ahnen zählen."

(Pg.)

„Diejenigen Empfindungen sind mir die angenehmsten, die Sie mir zu der Zeit zeigten, wo Sie mich für einen Privatmann hielten, ohne die erlauchte Würde zu vermuthen, zu welcher es der göttlichen Vorsehung gefallen hat, mich zu erheben. Die Lobsprüche, welche man uns verschwendet, und alle Sachen, die man uns sagt, gehen unglücklicherweise mehr auf unseren hohen Stand als unsere Person. — Ich würde mich sehr betrüben, wenn Sie in mir nicht den Menschen schätzen — der höchste Titel unter allen, die man mir geben kann — und daß Josef das Glück, geliebt zu sein, allen äußerlichen Vortheilen und allen Huldigungen, womit man dem Kaiser unaufhörlich Weihrauch streut, vorzieht."

(An den ital. Grafen Papini, Jan. 1770.) (G.B.)

„Sie sehen mich in Wien nicht prunkender als in Versailles, zehn- bis zwölfmal im Jahr ausgenommen, wo ich gezwungen bin, den Kaiser zu spielen."

(Als man sich in Paris darüber wunderte, daß Josef
in einem einfachen Fiaker gefahren war.) (Bu.)

Den Handkuß und das Kniebeugen vor den Personen der kaiserlichen Familie und das Niederknien vor dem Landesherrn verbot Josef am 4. Januar 1784 mit der Begründung, „weil solches von Mensch zu Mensch keine passende Handlung ist und blos gegen Gott allein vorbehalten bleiben muß".

Bei dem berühmten Naturforscher Buffon in Paris meldete sich der Kaiser bescheiden als einen Schüler an. Buffon, der kränklich war, wollte seinen Schlafrock erst mit einer anderen Kleidung vertauschen. „Nein, nein!" sagte Josef, „wenn ein Lehrer seinen Schüler empfängt, so darf er mit ihm keine Umstände machen."

(Pg.)

„Da kein Unterschied zwischen dem Edlen und Künstler in der Art der Taufe gemacht wird, warum sollte man in den Begräbnissen einen machen?!"

(Car.)

Als ein Glied eines österreichischen Vasallengeschlechtes sich der Titulaturen „Wir" und „von Gottes Gnaden" bedient hatte, bemerkte Josef auf den Vortrag darüber (Aug. 1788): „Da der Bauer seine Hütte und jeder so hinauf bis auf den Landesfürsten durch die Gnade Gottes und dessen Vorsicht und Willen das hat und auf dem Fleck ist, wo selbe ihn hin bestimmt, so kann jedem auch die Besitzung mit der Benamsung von Gottes Gnaden nicht verboten werden, da sie vollkommen wahr ist; also ist auch dem Fürsten N. N. sowie jedem anderen in dergleichen Fällen keine Ausstellung zu machen."

(Mey.)

„Da wenig daran gelegen ist, wie die Wappen aussehen, so ist der Censor mit seiner ganzen Censur und die Anschaffung der gelehrten heraldischen Bücher hintanzulassen und jedem gemalte oder gestochene Greifen, Hörner oder was immer für Thiere und Viecher, wenn sie ihnen Vergnügen verschaffen, zu führen zu gestatten."

(Auf einen Vortrag inbetreff einer Berichtigung der galizischen Ritterstandswappen, Juli 1781.) (Mey.)

„Da diese Standeserhebung in dem Zeitpunkte, wo solche von der höchstseligen Kaiserin bewilligt worden, nicht zu Stande gekommen und noch erhoben worden, ich es auch für kein Glück für die Kinder ansehe, wenn sie eine derlei Nobilitation oder Ritterstand erhalten, eher als sie bei Mitteln sind, denselben Ehre zu machen, so ist solche auch noch weiter in suspenso zu belassen; einstweilen aber sind die Kinder zu guten Bürgern des Staates zu bilden und haben sich selbe um eine Standeserhebung verdienstlich zu machen, wo sonach auf sie schon der Bedacht genommen werden wird."

(Auf das Gesuch um Bekanntmachung des schon 1777 verliehenen erbländischen Ritterstandes, Mai 1784.) (Mey.)

„Ich sehe die Verbindlichkeiten eines Monarchen gar nicht ein, daß er einem seiner Unterthanen darum eine Stelle verleihen solle, weil er ein Edelmann von Geburt ist. Ein Kavalier von guter Familie sein, ohne andere Verdienste zu haben, als die, daß man durch ein Spiel des Zufalls ein Edelmann geworden sei?"

(August 1787.)

„Man kann der Sohn eines Generals sein, ohne die geringste Anlage zum Offizier zu haben. Ich bedauere Sie, daß Ihr Sohn weder zum Offizier, noch zum Staatsmann, noch zum Priester tauge; kurz gesagt, daß er nichts als ein Edelmann und das von ganzer Seele ist. Danken Sie es Ihrem günstigen Schicksal, daß, indem es Ihrem Sohn alle Talente versagt, ihn zugleich in den Besitz ansehnlicher Güter versetzt habe, die ihn dafür hinlänglich entschädigen, und die ihm zugleich meine ganze Gnade entbehrlich machen."

(An eine Dame, Aug. 1787.)

„Ich muß Ihnen noch sagen, daß es künftig bei Oesterreich nicht mehr so sein kann, wie es einstens gewesen, daß ich keine Princes étrangers an meinem Hofe dulde, und daß jetzt mancher Edle ein Lieutenant wird, dessen Ahnen den Marschallsstab und die Anführung großer Heere gehabt."

(An die Landesgräfin von Fürstenberg, Juni 1782.)

„Wenn ein Kavalier fähig ist, ein gemeines Verbrechen zu begehen, so entsetze ich ihn seines Adels und seiner Titel und überlasse ihn als Unadeligen der Gerechtigkeit, die ihn nicht schlimmer und nicht besser als irgend einen anderen unadligen Schelm behandeln wird." (Ebd.)

Auf die Vorstellung, die Strafe eines großen adeligen Verbrechers aus Rücksicht auf seinen Stand zu mildern, antwortete Josef 1785: „Laster ist einmal Laster. Wie soll sich ein solcher seiner Strafe schämen, der sich nicht schämte, das Laster zu begehen? Will ein Lasterhafter unter Lasterhaften einen Vorzug haben, ei, so strafe man ihn um so härter, weil er der Lasterhafteste, der Abscheulichste ist. Nur der Tugend wartet Belohnung. Würde man Laster= haften ihrer Person wegen Vorzüge einräumen und sie nicht ganz die Strafe ihres Lasters fühlen lassen, was würde dann Gerechtigkeit sein? Und hieße das nicht das Laster in der Person belohnen?"

Eine Frau beklagte sich in einer Audienz über eine angeblich ungerechte Prozeßentscheidung in ihren Schuldenangelegenheiten, da sie muthwillige Mehrausgaben, als ihre Einkünfte rechtfertigten, machte, wie dem Kaiser schon bekannt war. Er fragte mildreich, wer sie wäre? „Ich bin eine Hofräthin." Mit dem Anschein des Mitleides fragte Josef weiter: „Warum wenden Sie sich nicht an ihren Monarchen?" — „Das thue ich ja eben jetzt, da ich mich an Eure Majestät wende." — „Nein, meine Liebe," antwortete Josef, „dies kann nicht so sein, wie Sie sprechen, denn an meinem Hofe gibt es keine Räthinnen, ich habe nur Räthe." Und damit war sie entlassen.

(Sch.)

„Ich bin alle Privilegia privativa nicht mehr zu bestätigen unabweichlich entschlossen."

(Juli 1781.) (Mey.)

„Die Vorrechte und Freiheiten einer Adelschaft oder einer Nation bestehen in allen Ländern und Republiken der Welt nicht darin, daß sie zu den öffentlichen Lasten nichts beitragen, sondern sie bestehen einzig darin, sich selbst die für den Staat und das Allgemeine erforderlichen Lasten aufzulegen, und durch ihre Verwilligung mit Erhöhung und Vermehrung der Auflagen vorzugehen."

(Juli 1786.)

„Die Freiheit der Personen ist wohl zu unterscheiden von jener der Besitzungen, in deren Rücksicht der Eigen=

thümer nicht den Edelmann, sondern blos den Feldbauer, den Hauer oder den Viehmäster und in Städten blos den Bürger und Konsumenten vorstellen; in welchen Fällen sie zur Erhaltung der allein das System nützbar machenden freien Konkurrenz nach ihren Besitzungen mit allen anderen Bürgern und Einwohnern gleich sein müssen."

(Juli 1786.)

"Leibeigenschaft und Fleiß oder Reichthum ist ein Widerspruch in sich selbst und durch die tägliche Erfahrung bestätigt, welche zeigt, daß der Fleiß und die Wohlfahrt der Nationen, wenn alles übrige gleich ist, sich nach dem Maßstabe ihrer persönlichen Freiheit verhalten; da inzwischen die Leibeigenschaft, die Schande unseres Zeitalters, diese häßliche Unterdrückerin aller bürgerlichen Tugenden, allein genug ist, Reiche zu zerstören und den Namen des Landesfürsten, der sie duldet, auf ewig zu beflecken. Ja es ist eine ewige Wahrheit, solange der Pflüger, als der nothwendigste und nützlichste Bürger, mit fünfzig Streichen gezüchtigt werden kann und in tausenderlei Fällen von dem Eigensinn, der Habsucht, der Leidenschaft und der Härte eines Herrn oder seiner Beamten abhängt, so lange ist der Flor des Staates ein Schattenbild, dem man vergeblich nachjagt. — Frohnen heißt: einem anderen ohne sichtbaren Lohn, mit Widerwillen und schlecht arbeiten; die dabei zugebrachte Zeit ist daher für den Fröhner ganz verloren, für den Grundherrn aber nur halb gewonnen."

(Wird Josef zugeschrieben, da es seine entschiedenen Grundsätze ausspricht.) (Schn.)

„Da wir in Erwägung gezogen haben, daß die Aufhebung der Leibeigenschaft und die Einführung einer gemäßigten, nach dem Beispiel unserer österreichischen Erblande eingerichteten Unterthänigkeit auf die Verbesserung der Landeskultur und Industrie den nützlichsten Einfluß habe, auch daß Vernunft und Menschenliebe für diese Veränderung das Wort sprechen, so haben wir uns veranlaßt gefunden, von nun an die Leibeigenschaft gänzlich aufzuheben und statt derselben eine gemäßigte Unterthänigkeit einzuführen."

(1. Nov. 1781.)

„Es kommt nicht darauf an, die für Böhmen erlassenen Anordnungen inbetreff des Eigenthums und der Leibeigenschaft gleich von nun an ihrem ganzen Inhalt nach auch in Galizien in Ausübung zu bringen; wol aber ist es ohne Verschub höchst nöthig, daß die „Knechtschaft" (— „um zu keiner irrigen Auslegung Anlaß zu geben, wird statt Knechtschaft das Wort Leibeigenschaft zu gebrauchen sein" —) „in Ansehung ihrer bisherigen Wirkungen, die die Menschheit herabwürdigen, ohne weiteres aufgehoben und jedem Unterthan auch an einem anderen Ort außer seinem Dominio, seine Nahrung zu suchen, eingeräumt werde."

(Jan. 1782.) (Mey.)

„Die Makel unehelicher Geburt sind in allen öffentlichen Diensten oder Handwerken oder bei was immer für einer Beweisführung gänzlich aufgehoben."

(Hofdekret vom 28. Juli 1783.) (L. j.)

Obschon dem Kaiser, wie er sagte, die Geheimnisse der Freimaurergesellschaften gänzlich unbewußt waren und er mit ihrem mysteriösen Vorgehen sich nicht einverstanden erklärte, so war es ihm genug, zu wissen — „daß von diesen Freimaurerversammlungen wirklich einiges Gute für den Nächsten, für die Armuth und Erziehung geleistet worden ist" — und er entschloß sich, ungeachtet ihre Gesetze und Verhandlungen unbekannt bleiben — „dennoch, so lange sie Gutes wirken, sie unter den Schutz und die Obhut des Staates zu nehmen und also ihre Versammlungen förmlich zu gestatten" — und sprach die Hoffnung aus: „auf diese Art kann sich vielleicht diese Verbrüderung, welche aus so vielen mir bekannten rechtschaffenen Männern besteht, wahrhaft nutzbar für den Nächsten und die Gelehrsamkeit auszeichnen".

(Dez. 1785.)

12.

Josef Leutseligkeit, Wohlthätigkeit und Großmuth.

———o———

Einen schönen Triumph seiner Leutseligkeit feierte Josef bei seinem Besuche des neuerworbenen Innviertels. Das Volk zog ihm überall jubelnd entgegen und sprach es offen aus, daß es sich glücklich schätze, unter einen so gerechten und gütigen Kaiser gekommen zu sein, bei dem die Bauern auch etwas gelten. Im Schlosse Perwang trat Josef ans Fenster und fragte das im Hofe dicht gedrängte Volk: „Seid Ihr alle aus dem Innviertel?" Ein tausendstimmiges Ja antwortete. „Nun, da sind wir ja alle Landsleute!" rief Josef hinunter. Jetzt ließ sich das Volk nicht mehr zurückhalten, die Bauern drängten sich in das Tafelzimmer, um ihren Kaiser essen zu sehen. Josef ließ ihnen Wein reichen und unterhielt sich mit diesem und jenem über die Angelegenheiten des Landes. (Sch.)

Der Kaiser hatte in einer Grenzstadt, entgegen ihrem Privilegium des Wahlrechtes, einen Major als Richter eingesetzt und es dabei belassen, obgleich die Stadt dagegen petitionirte, mit ziemlich triftigen Gründen gegen jeden Soldaten als ihren etwaigen Richter. Als der Kaiser darauf die Stadt besuchte, kamen die Bürger in großer Anzahl zu ihm und baten laut, er wolle sie doch einmal von diesem Despoten, der alles nach seinem Stocke zu messen gewohnt wäre, befreien. Jetzt gab ihnen Josef lächelnden Mundes den Bescheid: „Ich habe Euch, liebe Bürger, nur auf die Probe stellen wollen, und Ihr habt sie redlich ausgehalten. Wenn Ihr Euch gegen das Dasein eines einzigen, und zwar vaterländischen Kriegsmannes so sehr wehrt, so kann ich von Euch ganz richtig schließen, daß Ihr Euch, um so mehr, da Ihr eine Grenzstadt bewohnt, gegen mehrere tausend auswärtige Soldaten wehren werdet. Und hiermit erlaube ich Euch, wählt Euch wieder einen Richter, welchen Ihr selbst wollt."

(Sch.)

Jedesmal, wenn Josef (unter dem Namen Graf von Falkenstein) in Versailles war, begleitete ihn eine unzählige Volksmenge auf seinen Spaziergängen, die er stets zu Fuß machte, sei es mit dem König oder der Königin. Einmal unter anderem, als der Graf, gefolgt von wol mehr als dreitausend Personen, in der Pièce des Suisses war, sagte er zum König: „Sehen Sie da, wir haben eine große und gute Gesellschaft."

(Duer).

Als der Graf von Falkenstein sich die neue Brücke von Neuilly ansah, ein großartiges Bauwerk Péronet's, des damaligen ersten Ingenieurs für Brücken- und Straßenbau Frankreichs, woran er prüfte und viel bewunderte, standen die dort anwesenden Personen mit entblößten Häuptern; da sagte der Graf mit seiner gewöhnlichen Leutseligkeit laut: „Meine Herren, setzen Sie doch die Hüte auf, denn die Sonne ist brennend."

(Ducr.)

Der Graf von Falkenstein nahm eines Tages in Paris einen Fiaker, um nach dem Palais Louxembourg zu fahren. Der Kutscher, durch seine Leutseligkeit angeregt, ließ sich mit ihm in ein Gespräch ein und äußerte eine große Freude, diese Fahrt bekommen zu haben, „denn," sagte er „wenn der Kaiser dahin kommt, um zu promeniren, so werd' ich das Vergnügen haben, ihn zu sehen. Ich fürchte nur, zu spät zu kommen". Der Graf sagte, er brauche dies nicht zu fürchten, „denn," sagte er, „der Kaiser werde gewiß nicht vor ihm zur Promenade dorthin kommen." Unter dem Thor von Louxembourg ausgestiegen, gab der Graf dem Kutscher das Fahrgeld in Papier eingewickelt, und als dieser es öffnete, fand er einen Doppel-Louisdor darin. Sogleich lief er dem Unbekannten nach, in der Meinung, er habe sich vergriffen, und sagte dies, denn so viel gebe man nicht für einen Fiaker. Der Graf, von des Mannes Redlichkeit erfreut, bestätigte nun das Geschenk mit aller Leutseligkeit, und nun rief der Kutscher laut aus: „Ich habe den Kaiser gesehen!"

(Abg.)

Der Graf von Falkenstein war im Café des Palais royal, um Eis zu essen, welches dort berühmt war. Das

Gerücht davon verbreitete sich auch unter den vor dem Palais haltenden Kutschenführern, und auch ein Fiaker hörte es, verläßt seinen Wagen, stellt sich in den Weg und wartet auf den Grafen. Im Augenblick kommt ein Privatmann heraus und verlangt von diesem Kutscher, ihn zu fahren. „Nein, mein Herr, ich kann nicht." — „„Wie kommt das?"" — „Ich will den Kaiser sehen, und wenn Sie mir einen Thaler geben würden, ich würde nicht fahren, ich will den Kaiser sehen." — „„Wohl, fahre, ich werde Dir 6 Franks geben."" — „Nein, mein Herr, ich will den Kaiser sehen." — „„Schon recht, aber der Kaiser ist nicht mehr im Café, er ist soeben fortgegangen."" — „Ist das wahr, mein Herr?" — „„Ja, fahr' sogleich nach dem Hotel de Tréville."" — Der Kutscher fährt und angekommen, steigt der Graf von Falkenstein aus und gibt dem Kutscher den Fahrpreis in einem Stück Papier. Der Kutscher wickelt es sogleich auf, fürchtend, getäuscht zu sein; wie groß war sein Erstaunen, einen Doppel-Louisdor darin zu finden. Ganz erstaunt sagte er zum Portier: Der Herr da irrt sich, er gibt mir 2 Louis und hat mir nur 6 Franks versprochen; wer ist denn der Herr da? — „Das ist der Kaiser!" Ach verf—, ruft kräftig der Kutscher, wie unglücklich bin ich, wenn ich das gewußt hätte, würde ich mich öfter auf meinem Bock umgedreht haben, um ihn mir zu betrachten. Darauf sogleich aber singt und springt er und geht in eine Schänke, um auf des Kaisers Gesundheit zu trinken. Dann kaufte er Bandschleifen, steckt sie an seinen Hut und an die Ohren seiner Pferde und verkündete überall: „Ich habe den Kaiser gefahren! Ich habe den Kaiser gefahren!" (Abg.)

Der Graf von Falkenstein besuchte in Paris das Café de la Régence, um eine Partie Billard zu spielen; es befand sich niemand dort, und das Mädchen sagte ihm, dies wäre des Kaisers wegen, der nach dem königlichen Palais kommen würde. „Dies kommt öfter jetzt vor." sagte sie, „es ärgert mich sehr, ich verkaufe nichts diesen Morgen; ganz Paris will den Kaiser sehen." Der Graf blieb allein und unterhielt sich mit dem Mädchen, fragte sie, ob sie den Kaiser gesehen habe. Das Mädchen antwortete, daß ihr Stand sie daran hindere, aber daß sie eines Morgens sich heimlich aufmachen wolle, um ihn in seinem Hotel zu sehen, in der Erwartung, daß der Fürst leicht zugänglich sei. Der Kaiser sagte nichts, zog einen Louisdor heraus, gab ihn dem Mädchen und fügte hinzu: „Sieh' hier Louis XVI. und hier den Kaiser." In demselben Café bot sich, als der Graf wieder Billard spielen wollte, nur einer an, eine Partie mitzuspielen, unter der Bedingung, daß sie sehr kurz sei; als er sie aber nicht beendete, wurde der Spieler unruhig, wandte sich um und stampfte ungeduldig auf die Erde. Der Graf fragte ihn, was dies sei, und jener antwortete: „Mein Herr, das ist, daß der Kaiser nach dem Hotel royal kommen soll und ich großes Verlangen ihn zu sehen habe. Also heben wir die Partie auf zu diesem Abend oder morgen früh."

(Ducr.)

Im Kollege der vier Nationen oder „Mazarin" traf der Graf von Falkenstein auf einen Schüler, war höchst freundlich zu demselben und fragte ihn, in welcher Klasse er studiere und was er endlich sei. Das Kind antwortete ihm: „Mein Herr, ich bin Kaiser." Der Graf erwiderte lächelnd: „Wohl, mein Freund, gib mir die Hand, Du kennst das Sprichwort: von Kaiser zu Kaiser ist nichts als die Hand." Er begleitete dies Gefallen an dem Knaben mit einer Pension von 1200 Lires, welche sich nach dem Fort= rücken des jungen Schülers in den Klassen steigern sollte.

(Duer.)

„Der Graf von Falkenstein, nur von einer Person begleitet, wollte die Menagerie ansehen; der Wächter sagte ihm höflich, daß es Gebrauch sei, die Menagerie erst dann zu zeigen, wenn eine genügende Anzahl von Besuchern da wäre. Der Graf ging wartend unter den Bäumen auf und ab. Es kam bald eine Menge, die Thüren wurden geöffnet und der Graf trat unter den übrigen ein, sah, betrachtete und befragte wie die anderen. Der Wächter sagte darauf zur Gesellschaft: „Meine Herren und Damen, ich bitte, beeilen Sie sich; wir erwarten den Kaiser; es darf niemand mehr hier sein, sobald einmal Se. kaiserliche Majestät ein= getreten ist." Der Graf sagte kein Wort und fuhr fort, der Kuriosität zu genügen; hinausgehend ließ er durch seinen Führer dem Wächter zehn Louisdors geben. Ein Engländer hatte den Grafen als Kenner über die verschiedenen Thiere urtheilen gehört; er faßte ihn am Rockärmel und sagte: „Mein Herr, erklären Sie mir das."

(Duer.)

Beim Besuche von Privatpersonen in Paris, welche immer von Geschenken, freundlichen Worten und oft schmeichelhaften Aeußerungen begleitet waren, sagte der

Graf von Falkenstein öfter dergleichen wie: „Bedecken Sie sich, es genirt mich sonst; setzen Sie Ihren Hut auf oder ich nehme auch den meinigen ab; begleiten Sie mich nicht weiter, Ihre Zeit ist kostbar; keine Komplimente, sagen Sie mir die Wahrheit, ich suche sie kennen zu lernen; sprechen Sie frei, ich liebe es; verhehlen Sie mir nichts, ich will mich unterrichten" u. dgl. m.

(Ducr.)

Wenn der Graf von Falkenstein aus Paris Kouriere nach Wien abfertigte, ließ er es allen seinen Dienern sagen, damit sie vom ersten Kammerdiener bis zum Küchenjungen ihre Briefe an ihre Angehörigen in seinem Packete mitgeben konnten. Einmal bemerkte er, daß einer derselben nicht geschrieben hatte und fragte, warum er ihm keinen Brief gebracht? Als dieser nun sagte: er habe kein Papier und Tinte, antwortete der Graf: „Du darfst es ja nur von mir verlangen!"

(Abg.)

Als der Graf von Falkenstein auf seiner Reise nach dem Seehafen über einen Fluß fuhr, befanden sich drei Bauermädchen auf der Fähre mit ihm. Die herzhafteste unter ihnen, welche vernommen hatte, wer er wäre, redete ihn also an: „Herr, sind Sie nicht unseres guten Königs Schwager?" — „„Ja, mein liebes Kind."" — „Nun, da könnten Sie ihm dann wol sagen, daß er uns unsere armen jungen Burschen losließe, die wegen ein bischen Tabakkontrebande da unten auf der Galeere rudern müssen. Wenn Sie wüßten, was uns das für eine Freude wäre!" — „„Wie heißt Ihr?"" Der Graf notirte sich die Namen in seine Schreibtafel und sagte: „„Seid ruhig, Kinder, ich verschaffe sie euch wieder."" (Abg.)

Als der Graf von Falkenstein zu Augsburg im Gasthof zu den Mohren wohnte, kam ein Seidenhändler in sein Zimmer und bot ihm seine Waaren feil. Der Mann wußte wol, daß der Kaiser dort war, kannte ihn aber nicht und fragte ihn selbst, ob man wol den Kaiser zu sehen bekommen könnte. „Er wird bei Hofe speisen, da könnt Ihr ihn sehen!" antwortete der Graf, kaufte etwas, und der Mann eilte mit seinen Waaren fort, um nach Hofe zu gehen. Hier sah er den Kaiser, als eben denselben, der ihm Bescheid gesagt, war nicht wenig erschrocken, daß er dem Kaiser mit so wenig Ehrfurcht begegnet, ward aber durch einen leutseligen Gruß des Grafen aufgemuntert und erfreut.

(Abg.)

Als der Graf von Falkenstein in Kehl die Werke der alten Reichsfestung sich besah, fragte er zwei ihm begegnende französische Offiziere, von welchem Regiment sie wären? Sie antworteten: von Lyonnais. „Also liegt Ihr in der Citadelle in Besatzung?" Ja, Herr Graf! bestätigten sie und folgten ihm dann mit entblößten Häuptern. Als der Graf sich umwendend dies bemerkte, bat er sie, sich zu bedecken, und als sie dies noch nicht gethan, sagte er: „In Wahrheit, meine Herren, wenn Ihr Eure Hüte nicht aufsetzt, so muß ich den meinigen auch abnehmen." Er

that es auch wirklich und nöthigte so die Offiziere, sich wieder zu bedecken.
(Abg.)

Der Graf von Falkenstein bewahrte launig sein Incognito so gern, daß er in München eine Hofdame, die eine Gräfin Falkenstein war, „chère cousine!" nannte.
(Abg.)

Auf seiner Reise nach Paris kam der Graf von Falkenstein auf einer Poststation eher an, als man ihn erwartet hatte, und fand keine Pferde vor. Der Postmeister, der ihn nicht kannte, bat ihn, er möchte ein wenig Geduld haben, weil er alle seine Pferde fortgeschickt, um seine Freunde zur heute stattfindenden Taufe seines Sohnes abzuholen. Der Graf bot sich zum Taufzeugen an und der Postmeister nahm es an. Als die Taufe vor sich ging, fragte der Pfarrer den fremden Gevatter um seinen Namen. „Josef." Den Familiennamen? „Wie? Josef, dächte ich, wäre genug." Aber doch? „Nun — Josef der Zweite." Der Zweite? und der Stand? „Kaiser!" Der Graf beschenkte den glücklich überraschten Postmeister und seine Familie freigebig und versprach an seinen Pathen zu denken.
(Abg.)

In Baiern nahm der Graf von Falkenstein bei einem Bauer das Mittagsmahl ein, welcher zum Andenken daran eine eherne Tafel mit dem kaiserlichen Wappen über

seiner Hausthür anbringen ließ. Der Graf ging hier selbst
in die Küche, und da er einen großen Topf beim Feuer
stehen sah, fragte er, für wen das wäre? Für die Postillons
und Bedienten, antwortete der Wirth. Darauf ergriff der
Graf den ersten besten Löffel, der vor ihm lag, fuhr in den
Topf, kostete und sagte: „Gut, wenn ich es nur allemal so
habe!"
(Abg.)

Der Graf von Falkenstein auf der Reise in einem
Dorfe angelangt, besah sich mit einem einzigen Begleiter die
waldige Umgegend; sie verirrten sich und stießen endlich auf
ein Schloß. Sie fragten nach dem Herrn der Besitzung und
wurden an dessen Gemahlin, da jener nicht anwesend, ge-
wiesen. Nach der Vorstellung ließ man ihnen ein Diner
serviren, die Schloßdame aber bat um Erlaubniß, abreisen
zu dürfen, da sie den Kaiser zu sehen gehen wolle. Jene
berichteten, daß der Kaiser nicht so bald durchkommen werde,
dessen sie sicher seien, da sie Offiziere seines Gefolges wären.
„Wenn Sie mir Ihr Wort darauf geben, meine Herren," erklärte die Dame, „so werde ich nicht gehen, um mich mit
meinem Gemahl zu jenem Zwecke zu treffen." Während des
Mahles sprach man von mancherlei und auch viel über den
Kaiser; die Dame rühmte seine Talente, Tugenden, die her-
vorragenden Eigenschaften seines Herzens und Geistes.
„Kurz," sagte sie, „er ist ein vollkommener Fürst, und ich
sterbe vor Verlangen, ihn zu sehen. Meine Herren, Sie haben
mir versichert, daß der Kaiser vor zwei Stunden nicht passiren
werde."—„Ja, Madame," antworteten die Fremden nochmals. —
Endlich mußte man abreisen und das Spiel sich entwickeln. —

Der Graf von Falkenstein nahm das Wort und sagte: „„Sie scheinen großes Verlangen zu haben, Madame, den Kaiser zu sehen?"" — „Ja, mein Herr, denn dies ist ein so guter Fürst." — „„Ich kann in gewisser Art Ihrem Wunsche genügen: Sehen Sie hier eine goldene Tabaksdose, auf welcher sein Bild ist."" Die Dame nahm die Dose entgegen, prüfte das Porträt und erkannte, daß es das des hohen Unbekannten war, welchen sie in ihrem Schlosse zu bewirthen die Ehre gehabt. Thränen der Freude und Genugthuung entströmten ihren schönen Augen, sie konnte nicht sprechen, die Worte erstarben auf ihren Lippen — eine stumme Lobrede, aber eine recht schmeichelhafte für eine empfindsame Seele und eine solche wie die des Grafen von Falkenstein.

(Ducr.)

Der Graf von Falkenstein kam ohne Gepränge und fast ohne Begleitung in einem Gasthause an. Eine Magd sagte zu ihm: „Man sagt, daß der Kaiser kommen wird; ich wünschte es sehr, er wird mir ohne Zweifel etwas geben, daß ich das Silbercouvert, welches verloren gegangen ist und ich ersetzen muß, bezahlen kann, denn er ist großmüthig." Als der Graf am anderen Morgen abreiste, schenkte er diesem Mädchen vier Louisdor.

(Ducr.)

Der Graf von Falkenstein trat eines frühen Morgens in ein feines Café und forderte, seiner Regel nach einfach lebend, eine Tasse Chokolade. Die faulen Kellner verweigern sie ihm unter dem leeren Vorwand, daß es noch zu früh sei. Der Graf geht, ohne ein Wort zu sagen, hinaus und in ein kleines Café. Er verlangt hier eine Tasse Chokolade, und der Besitzer antwortet höflich, er werde sie sofort herrichten lassen, wenn er ein wenig warten wolle. Es dauerte lange, und der Graf ging hin und her indessen, sprach mit dem Besitzer über mancherlei; inzwischen kam die Tochter des Hauses herein, der Graf begrüßte das hübsche Kind und sagt zum Vater, daß es gut wäre, sie zu verheirathen. „Ach ja," erwidert dieser, „aber ich bin nicht reich; wenn ich tausend Thaler als Mitgift für sie hätte, würde ich sie wol einem tüchtigen Jüngling verheirathen; so aber —." — Die Chokolade wird gebracht, der Graf trinkt sie und bezahlt einfach den Preis dafür; dann verlangt er Feder, Dinte und Papier. Die künftige Frau gehorcht und bedient ihn, ohne ihn zu kennen. Der Graf schreibt eine Anweisung über 6000 Frcs., bei seinem Bankier in Paris zu erheben, um angewendet zu werden, die Tochter des Cafetiers zu verheirathen.

(Ducr.)

Ein Kind von etwa neun Jahren blieb einmal in Wien vor der Kutsche des Kaisers stehen und sagte: „Majestät, ich habe noch niemals gebettelt, aber meine Mutter stirbt; um einen Arzt zu bekommen, braucht's einen Gulden, wir haben kein Geld mehr. O, wenn Ew. Majestät mir einen Gulden gäben, wie glücklich würden wir sein!" Der Kaiser erkundigte sich nach Namen und Wohnung der Kranken, das Kind beantwortete seine Fragen, und sich auf die Knie werfend, fügte es hinzu, daß dies das erste und letztemal sei, daß man es betteln sehe." Der Monarch gab ihm einen Gulden, und das Kind verschwand sogleich. Inzwischen hüllte sich der Kaiser in den Mantel eines seiner Leute und begab sich zu der Kranken, welche ihn für einen Arzt hielt, ihm die Einzelheiten ihrer Krankheit erzählte, ihm zeigte, wo Papier lag, und ihn bat, ihr ein Recept zu verschreiben. Der Kaiser schrieb einen Befehl, tröstete sie und entfernte sich. Einen Augenblick nachher kam das Kind zurück mit seinem Gulden und einem Arzt; die Mutter erstaunt, sagte, daß sie schon den Besuch eines Doktors gehabt, der ihr ein Recept dagelassen. Der Arzt warf einen Blick auf das vermeintliche Recept, erkannte die Schriftzüge des Kaisers und erklärte den Inhalt: es war eine Anweisung auf 50 Dukaten aus der Kasse des großmüthigen Kaisers.

(Ducr.)

Eines Tages kam der Kaiser unerwartet zu einem armen Offizier, der Vater einer zahlreichen Familie war, und traf ihn mit elf Kindern am Tische. Ueberrascht fragte der Kaiser: „Daß Sie zehn Kinder haben, wußte ich, aber wer ist das elfte?" Das ist, antwortete der Offizier, eine arme Waise, die ich ausgesetzt an meiner Hausthür fand." Bis zu Thränen gerührt sagte Josef: „Alle diese Kinder sollen von mir verpflegt werden, und Sie sollen ihnen ferner Beispiel der Tugend und Ehre sein. Ich werde für jedes jährlich 200 fl. zahlen. Gehen Sie morgen zu meinem Schatzmeister, er wird Ihnen das erste Vierteljahr zahlen. Für Ihren ältesten Sohn, den Lieutenant, werde ich sorgen."

(Cx.)

Der Rendant einer kaiserlichen Kasse hatte viele Jahre hindurch sein Amt mit strengster Treue verwaltet, als er aber seine anwachsende Familie nicht mehr unterhalten konnte, ließ er sich von der Noth zwingen, der Kasse nach und nach 2000 Thaler zu entwenden. Es wurde entdeckt, der Rendant verurtheilt und der Spruch dem Kaiser zur Unterschrift vorgelegt. Dieser ließ sich die Akten geben und fand, daß der Rendant trotz 16jähriger ehrlicher Amtsführung nur 300 Thlr. Gehalt und dabei acht Kinder zu ernähren habe. Er schrieb darauf folgendes Urtheil: „Dem Defraudanten werden die 2000 Thlr. geschenkt und jährlich 700 Thlr. Gehalt bewilligt, damit er nicht mehr nöthig hat, die Kasse anzugreifen. Josef."

Ein alter Offizier bat den Kaiser um eine wenn auch nur geringe Pension, welche ihm abgeschlagen wurde, da sie ihm normalmäßig nicht zukam. Trotzdem wiederholte der Offizier seine Bitte an jedem Audienztage, und als Josef ihn einmal, des fortwährenden Ueberlaufens müde, etwas hart anließ, riß er seine Kleider auseinander und zeigte dem Kaiser seine überaus zahlreichen Blessuren. Erstaunt darüber sagte Josef: „Mein Lieber, ich wünschte, daß Sie das Verdienst hätten, gar keine Wunden zu haben; dann könnte ich Ihnen auf der Stelle etwas Besseres als eine normalmäßige Pension resolviren." „„Ach!"" erwiderte der Offizier, „„geben Ew. Majestät mir eine Pension, und wenn nur 100 Thaler, und alle meine Wunden sind geheilt und verschwunden."" — „Guter Alter," antwortete Josef, „Sie werden doch die Pension lebenslänglich verlangen, und so würde ich zu lange auf die Verschwindung Ihrer Wunden und Sie zu lange auf meine Resolution warten müssen. Ich will Ihnen daher lieber aus meinem Kammerbeutel jährlich 600 Gulden auswerfen." (Br.)

13.

Josef's Humor und Satire; Anekdoten.

— ◦ —

Der Bischof von Wien wollte gewisse Ordensgeistliche zwingen, die Schuhe, welcher sie sich seit einiger Zeit bedienten, obwol sie nach ihrer alten Regel nur Sandalen tragen durften, wieder abzulegen, und beklagte sich, als die Mönche nicht gehorsamten, beim Kaiser. „Mein Herr Bischof," beschied ihn Josef, „ich lobe Ihren Eifer; allein lieber sähe ich es, wenn Sie die Mönche an ihren Köpfen und nicht an ihren Füßen zu reformiren anfangen wollten."

(Sch.)

———

Es gab in Wien Leute, die sich's nicht nehmen ließen, zu glauben und zu erzählen, des Kaisers vor Jahren verstorbene Gemahlin sei in einem fremden Lande öfter noch lebend gesehen worden. Der Kaiser hörte einst in einem Lustschlosse zwei Wachtposten mit einander heftige Worte wechseln. Der eine Mann behauptete, er habe die Frau des Kaisers unlängst im Lande ihres Vaters mit eigenen Augen gesehen; der andere widersprach ihm mit guten Gründen. Josef kam zu ihnen heran und fragte, worüber sie sich so ereiferten. Sie wiederholten beide ohne Scheu ihre Behauptungen. Da gab Josef dem ersten drei Dukaten und sagte: „Trink' Er meiner Frau ihre Gesundheit!" dann gab er auch dem anderen drei Dukaten und sagte: „Und Er bete für die Seele meiner Frau!"

Oft mußte der Kaiser im Vorzimmer seines alten Ministers warten, dann scherzte Josef mit den Anwesenden: „Glauben Sie wol, daß ich Kaunitz heute sprechen kann?"

Als Sonnenfels den Hanswurst vom Theater jagte und auch noch Händel mit dem Kardinal Migazzi anfing, warnte ihn der Kaiser: „Mit den grünen Kutten haben Sie es schon verdorben, wollen Sie es auch mit den rothen so halten?"

Als der Kaiser die französischen Komödianten vom Burgtheater verabschiedete und der französische Gesandte sich für dieselben verwendete, weil er sonst gänzlich auf das Vergnügen des Theaters verzichten müßte, gab ihm Josef zur Antwort: „Machen Sie es, wie mein Gesandter in Paris es machen muß, lernen Sie deutsch!"

***

„Wir sind ja in Deutschland, warum antworten Sie mir nicht deutsch?"

(Zu einer Dame, die zum Kaiser französisch sprach.)

***

Als der Kaiser sich gedrängt sah, seine Verordnung, „die Leichen in Säcken zu begraben", zurücknehmen zu müssen, reskribirte er: „Wollen sie durchaus länger faulen, so ist mir nichts daran gelegen."

***

„Ich würde Ihnen gern mit der Stelle, worum Sie mich bitten, dienen, wenn ich dieselbe nicht schon längst der Billigkeit versprochen hätte"

(sagte Josef zu einem Bewerber, d. h. einem unwürdigen.)

***

Ein naher Anverwandter des Kaisers, der die Gattin eines ohnlängst geadelten Bürgers liebgewonnen hatte, bat den Monarchen, er wolle den in mancher Rücksicht verdienstvollen Mann in den Freiherrnstand erheben. Josef antwortete mit anscheinendem Mitleid: „Der Mann scheint mir ohnedies genug gekränkt zu sein; warum soll man ihn noch

mehr kränken?" Wie so? versetzte der hohe Bittsteller?
„Wäre denn," antwortete Josef, „diese Degradirung
nicht eine Kränkung, wenn ein bereits „gekröntes"
Haupt hintennach erst baronisirt werden sollte?"

(Sch.)

Ein fremder Offizier bat den Kaiser um Dienst und legte
seine Zeugnisse von vier Monarchen vor. „Und warum verließen Sie an allen vier Orten Ihren Dienst? — „„Weil ich nirgends nach Verdienst belohnt worden bin."" — „Sie sollten
es also," meinte Josef, „schon aus eigener Erfahrung
wissen, daß der, welcher vielen dient, von keinem belohnt
werde." — „„Eben darum, antwortete der Offizier, „„komme
ich zu Eurer Majestät, denn ich werde besser und treuer als
viele andere Offiziere dienen."" „Wie so?" fragte Josef.
„„Weil ich bereits gelernt habe, auf Belohnung zu verzichten,
was viele von Eurer Majestät Kriegshelden noch nicht gelernt
haben."" — „Sie sollen es auch nie lernen," sagte
Josef, „denn wer für Belohnungen kein Gefühl
mehr hat, der wird auch keine Strafe mehr fürchten."

(Sch.)

Zu Gunsten eines Witzwortes konnte Josef viel
verzeihen; so einst einem alten General, der betrunken vor
ihm niederfiel und stammelte: „Me voilà porté tout naturelle-
ment aux pieds de V. M!"

„Fiat ex ligno Mercurius" — setzte Josef auf die Bittschrift eines Holzwarts um eine Kanzleidienerstelle.

„Ich halte es mit der Frau. — Josef", antwortete Josef, als ein Fabrikant mit der Erlaubniß zur Anlegung einer Fabrik zugleich um einen Vorschuß dazu bat, weil seine Frau nichts hergeben wolle.

„N. N. soll mich und seinen Bart ungeschoren lassen" — schrieb Josef auf die Bittschrift eines stolzen Israeliten, welcher gegen das Verbot des Oberrabiners ohne Bart gehen wollte.

„Sie haben so schön gehandelt, daß nur Gott Sie belohnen kann," sagte Josef zu einem der heuchlerischen Proselyten seiner frommen Mutter, und dergleichen wurden selten, als er die Pensionen einzog. Er dachte im Herzen darüber wie der Beichtvater seiner Mutter, welcher zu einem Protestanten über einen zur katholischen Kirche Uebergetretenen sagte: „Sie haben einen Sch...f... verloren und wir nun einen mehr."

In der königlichen Schatzkammer eines anderen Staates sah der Kaiser die alte Krone der Krönung früherer Könige dieses Landes. Der König selbst machte darüber die

Bemerkung, daß die Arbeit eine sehr einfache und die Krone in Bezug auf Edelsteine ziemlich leer sei. Josef fiel dem Könige mit den Worten in die Rede: „Ueberhaupt ist jede Krone ohne Kopf eine leere Sache."

(Sch.)

Ein Mann aus vornehmer Familie, der sein Erbtheil an Gütern und beträchtlichem Baarvermögen bald verschwendet hatte, kam in die äußerste Noth und bat den Kaiser um eine augenblickliche Hilfe mit der Bemerkung: er könne sein Unglück nicht mehr ertragen. „Dies wundert mich eben nicht," entgegnete ihm Josef, „weil Sie nicht einmal Ihr Glück haben ertragen können." Indessen wies er ihm eine seinen Fähigkeiten angemessene Anstellung zu.

(Sch.)

Als der Minister einem griechischen Erzbischof, der als Pope wegen eines Vergehens fünfzig Prügel bekommen hatte, den Geheimrathscharakter verweigerte, den Josef ihm bereits zugesagt, lächelte Josef nur und meldete trocken: „Ueber das „Geheime" hat er seine öffentliche Prüfung erstanden; fünfzig Prügel vermochten ihn nicht zum Geständniß zu bringen, und so mag er Geheimrath heißen."

Auf die Bitte, eine Ehe zwischen zwei Höfen stiften zu wollen, deren Erfüllung ebenso wie das Abschlagen

bedenklich erschien, antwortete Josef, als er in seiner Krank=
heit nochmals daran erinnert wurde: „Ich hoffe bald zu
meinen Vätern abzureisen, und, da alle Ehen im
Himmel beschlossen zu werden pflegen, hoffe ich,
auch etwas Entscheidendes inbetreff der bewußten
Sache berichten zu können."
(54.)

Beim Ausbruch des Türkenkrieges reiste Josef nach
Mariazell, und das Volk sah dies für eine Wallfahrt an;
der Kaiser dagegen äußerte zu einem Vertrauten: „Die
Leute irren sich, Wallfahrt ist es nicht, aber Sorge
für die schönen Steine und die großen silbernen
Kannen. Denn wie ich in der erbaulichen Chronik
von Mariazell lese, so kamen die Türken auch
einmal hierher, um diese Kirche zu plündern, aber
da sie vor das Gnadenbild traten, wurden sie
blind. Ich fürchte, daß die Türken jetzt mit besseren
Augen kommen möchten."

Kaunitz rieth zu den nöthigen Vorsichtsmaßregeln
im Falle eines Angriffs der Holländer, der Kaiser antwortete:
„Sie werden nicht schießen." Der Minister schickte ihm bald
darauf die Depeschen aus Brüssel nach Ungarn nach mit
den lakonischen Worten: „Sie haben geschossen."
(P3.)

Auf einer Reise nach Mantua entging der Kaiser einer großen Gefahr, da eine Brücke, als er eben hinübergefahren war, hinter ihm einstürzte. „Siehe da," rief Josef aus, „eine schöne Anekdote für die Schmeichler; sie werden nicht ermangeln zu sagen, daß diese Brücke Ehrfurcht vor mir gehabt habe."
(Car.)

Auf einer seiner Incognitoreisen wollte ein naseweiser Postmeister durchaus wissen, welche Charge Josef bekleide, der gerade dabei war, sich den Bart abzunehmen. Josef sagte: „Ich bin der Barbier des Kaisers." Der Postknecht, welcher ihn fahren mußte, war nun übler Laune, weil er statt des Barbiers gern den Kaiser selbst hätte fahren mögen; als ihm Josef aber zwei Dukaten Trinkgeld gab, rief er: „Nun kann mich der Kaiser im A......!" — Der Kaiser nahm diese naive Derbheit zu Gunsten eines Witzwortes durchaus nicht ungnädig.

Auf einer Reise nach Rom speiste Josef, in einfacher Lieutenantsuniform, mit einem Baron, der nach Wien ging, um sich um Dienste zu bewerben. Der Herr Baron that sehr vornehm und stolz und nahm, als ihm Josef Empfehlungsschreiben anbot, diese herablassend entgegen; wie staunte er aber, als er in Wien sich im Besitze eines Befehles des Kaisers, dem er doch wohl gefallen haben mußte, befand, ihn als Hauptmann anzustellen.

„Ich sehe, Preußen hat den Garten und ich den Zaun" — rief Josef bei seiner schlesischen Reise aus.

Auf einer Reise mit der Kaiserin Katharina, welche bekanntlich glaubte, die Städte, welche sie zu bauen befohlen hatte, seien bereits gebaut, wenn sie nur die darauf geschlagene Medaille in ihrer Sammlung hatte, legte Katharina zu Jekatherinoslaw den ersten Grundstein und Josef den zweiten. Letzterer bemerkte darauf scherzend: „Katharina hat den ersten Stein gelegt und ich den — letzten."

Beim Professor Saussure zu Genf, wo der Graf von Falkenstein am 13. Juli eintraf, sah er die Genfer Damen und begegnete ihnen aufs huldreichste; als man ihm aber eine Partie Tanz vorschlug, entgegnete er: „Ich bin kein besonderer Tänzer, und da mein Aufenthalt sehr kurz sein soll, so will ich mir denselben nicht schwer machen."

(Abg.)

Als der Graf von Falkenstein eines Tages zu Versailles im Vorzimmer auf dem Schlosse war und sich mit den Hofleuten ganz vertraulich unterhielt, ließ ihn der König zu sich ins Zimmer einladen. „Nun wird man," sagte da der Graf zu den Umstehenden, „mich für einen Günstling halten."

(Abg.)

Als der Graf von Falkenstein nach seiner Ankunft in Versailles das erstemal zur Tafel gerufen wurde, sagte er: „Ich muß gehen, ich stehe nunmehr unter der Vormundschaft meiner Schwester."

(Abg.)

„In Versailles angekommen, besuchte der Graf von Falkenstein die Grafen von Maurepas und Vergennes. Der Kammerdiener, dem Maurepas gesagt, er sei nur für den Grafen zu sprechen, dabei aber den Namen nicht deutlich ausgesprochen hatte, irrte sich, als der Graf sich anmeldete, und glaubte, seinen Herrn nicht stören zu dürfen, weil der Großsiegelbewahrer bei ihm war, und ersuchte den Grafen, zu warten. Indessen sagte jemand im Vorzimmer: es ist ja der Kaiser. Der Kammerdiener wollte es nun seinem Herrn eiligst melden, der Graf hielt ihn aber mit den Worten zurück: „Der Graf von Falkenstein kann wol warten!" und wartete wol eine Viertelstunde geduldig im Vorzimmer. Als sich Maurepas des Irrthums wegen entschuldigte, sagte der Graf: „Die Geschäfte zum Besten des Staates haben allemal den Vorzug vor dem Besuche der Partikularen."

(Abg.)

Bei einem Diner mit dem König und der Königin setzte man für den Grafen einen Fauteuil hin; er wollte diesen nicht annehmen mit der Bemerkung: „Sire, auf meinen Reisen habe ich mich gewöhnt, auf Stühle von Stroh oder Holz mich zu setzen, und ein Fauteuil bringt mich aus der Ordnung." Er fügte hinzu, man möchte ihm auch einen Feldstuhl geben, die großen Fauteuils genirten ihn, und er glaube, daß ihm ein Feldstuhl bequemer sei. Da sagte die Königin bald darauf dasselbe, und danach sah man bald die drei gekrönten Häupter auf Feldstühlen sitzen. Der ganze Hof erfuhr den Vorfall, und man nannte ihn die Anekdote von den drei Feldstühlen.

(Duer.)

Vor dem Monumente Turenne's stand der Kaiser in ehrerbietiger Betrachtung. Jemand aus seinem Gefolge machte die Bemerkung: "Es ist noch keine Grabschrift für den Helden erfunden." Lebhaft antwortete Josef: "Sie haben eben eine sehr passende gemacht."

(In Paris 1777.) (G.-H.)

Zum Marquis von Vogue, dem Kommandanten der Festung Straßburg, welcher dem Grafen von Falkenstein alle Merkwürdigkeiten der Stadt gezeigt hatte, setzte der Graf, als er sich beim Abschiede für seine Mühe bedankte, im Scherze hinzu: "Aber, Herr Marquis, das war in der That zu viel für einen kleinen Reichsgrafen; wollt Ihr Euch für alle, die hier durchreisen, so stark bemühen, so werdet Ihr viel zu thun haben." — "Ach, mein Herr Graf," erwiderte der Marquis, "mit den anderen wollen wir uns schon abfinden."

Der Graf von Falkenstein hatte wunderbare Dinge eines bewundernswürdigen Geheimnisses von Abbé L'Epée gehört, welches darin bestand, Taubgeborne und andere hören und besser verstehen zu machen, durch fast übernatürliche Zeichen und Mittel, ebenso Stummgeborne und andere sprechen zu machen. Dies hatten alle Zeitschriften verkündigt und der Abbé hatte sich diesen glänzenden Ruf trotz der Anfechtungen des Neides zu erhalten gewußt. Der Graf brannte, sich darüber zu unterrichten, und suchte den Abbé in seinem Hause auf. Er sprach lange Zeit mit ihm, befragte ihn über mehrere Artikel mit Verständniß und fragte endlich, ob er denn niemand hätte, dem er sein Geheimniß anvertrauen würde, ein Geheimniß so nothwendig und so nützlich für die Menschlichkeit. Der Abbé antwortete ihm: „Herr Graf, ich habe vom Gouvernement zwei fähige Menschen verlangt, welchen ich meine schwachen Kenntnisse über diesen Gegenstand mittheilen könnte; mein Gesuch ist noch nicht bewilligt worden." Der Graf antwortete: „Wohl, ich werde Befehl geben, um in Wien zwei intelligente Menschen suchen zu lassen, und ich vertraue sie Ihnen an, Herr Abbé, daß Sie die Güte haben, sie in Ihren bewundernswerthen Geheimnissen zu unterrichten, damit sie der Menschlichkeit in meinem Reiche zu Hilfe kommen können." Als der Graf ging, wollte er selbst nicht, daß der Abbé ihn begleitete, sondern sagte die denkwürdigen Worte: „Herr Abbé, Ihre Zeit ist zu kostbar, um sie an eitlen Ceremonien zu verlieren. Sie sind Gott Rechenschaft darüber schuldig". Er ließ bei dem Abbé zwei Rollen zu 25 Louisdor zurück für die Armen und Siechen, welche der gute Bürger und wahre Patriot bei sich im Hause aufnehmen

und von einer Frau versorgen ließ. Am anderen Tage schickte der Graf dem Abt noch eine goldene Tabaksdose mit seinem Porträt in Medaillon.
(Abg.)

Der Graf von Falkenstein besuchte Lemoine, den Phidias damaliger Zeit, und machte ihm viele und anerkennende Bemerkungen über seine berühmten Bildwerke, so über eine Büste der Dubarry, von der er fragte, sie wäre wol sehr ähnlich und wenig geschmeichelt. Er bemerkte eine andere Büste, und fragte, von wem diese wäre? "Helvetius" (ein berühmter Philosoph, der 1771 gestorben), erwiderte der Bildhauer. Sofort äußerte der Graf: "Ich bin betrübt, daß er gestorben ist; ich würde sehr erfreut gewesen sein, ihn zu sehen und mit ihm zu plaudern."
(Duer.)

Der Graf von Falkenstein war eines Tages zum Diner mit dem König und der Königin eingeladen. Bei der Tafel ließ der König seinem Gardeoffizier befehlen, daß er diesen Abend zu Pferde promeniren wolle. Es war Gebrauch bei Hofe, daß der König auf diesen Promenaden von 12 Garde du Corps mit ihren und mehreren anderen Offizieren begleitet wurde. Da sagte der Graf: "Mein Bruder, können Sie nicht promeniren ohne all diesen Apparat? Erlauben Sie, daß ich allein Ihnen als Kapitän der Garde aufwarte, und befehlen Sie nicht dies zahlreiche und glänzende Gefolge." Seit diesem Abend machte der König wiederholt, auch mit der Königin, allein seine Promenade von Trianon durch den Park von Versailles und durch die Menagerie ꝛc. zurück.
(Abg.)

Der Graf von Falkenstein wohnte in Paris im Hôtel de Tréville, und der Wirth, ein Deutscher, Namens Schelling, bat ihn um die Erlaubniß, sein Haus künftig Hôtel de l'Empereur nennen zu dürfen. Der Wirth ließ auf einer schwarzen Marmortafel mit goldenen Buchstaben diese Inschrift anfertigen und zeigte sie dem Grafen, welcher mit Laune sagte: "Man muß setzen Josef II. und das Jahr 1777, weil sonst die Nachwelt nicht wissen wird, welcher „Kaiser" in diesem Hause gewohnt habe. Es hat schon mehrere vor mir gegeben, und es wird auch, glaube ich wohl, noch mehr nach mir geben." Auf diesen gutmüthigen Spott des Grafen, der bekanntlich auf die Verehrung blos des „Kaisers" wenig gab, ließ der exaltirte Wirth wirklich noch Namen und Jahreszahl auf das Schild hinzufügen. (Duer.)

Als der Graf von Falkenstein die königliche Naturaliensammlung zu Paris gesehen hatte, sagte er zu dem berühmten Gelehrten Buffon, es befänden sich in seinem Kabinet zu Wien Sachen, die man in dem königlichen nicht träfe. Aber, entgegnete Buffon, sollte nicht auch das Pariser Kabinet Seltenheiten besitzen, welche dem Wiener fehlten? — "Allerdings," antwortete der Graf, "und es würde leicht sein, durch gegenseitige Vertauschungen beide vollständig zu machen, wenn man sich dabei nicht vor den einsichtsvollen Kenntnissen des Herrn von Buffon zu fürchten hätte." — Es wäre noch mehr von der kaiserlich großmüthigen Freigebigkeit zu befürchten, entgegnete höflichst Buffon. (Abg.)

Als eines Tages der Graf von Falkenstein die Ateliers aller Maler besuchte und manche steile, kleine und wenig feste Treppen erstiegen hatte und ihm der König in seinem Schlosse des Louvre ein Quartier gab, war bekannt geworden, daß der Kaiser an diesem Orte zu sehen sein werde, und eine große Volksmenge hatte sich dort versammelt. Der Hof war eng angefüllt und beengt, um so mehr, als der Kommandant der Garde, in löblicher Absicht, einen Trupp Soldaten aufmarschiren und den Tambour trommeln ließ. Als der Graf diese Vorbereitung und die Volksmenge bemerkte, fühlte er sich verlegen und sagte, man solle doch diesen ganzen Apparat unterlassen, da er dergleichen gar nicht liebe; man stellte ihm vor, daß dies nur deshalb geschehe, um ihm Platz zu machen. „Oh," sagte er, „ich werde schon durchzukommen wissen!"

(Duer.)

Als der Graf von Falkenstein im Louvre war, um die Galerie des Apollo auf der Flußseite, nach dem Wasser blickend, zu sehen, wo man eine sehr prächtige Aussicht und einen weiten Ueberblick über die Stadt und das Land hat, bemerkte einer der ihn Begleitenden, daß es Heinrich IV. gewesen, welcher diesen vorspringenden Platz habe bauen lassen, um ganz Paris dem Blicke freizugeben; da sagte der Graf: „Ich bin gar nicht überrascht davon, Heinrich IV. wußte immer sich gut zu placiren."

(Duer.)

Inhalts-Verzeichniß.

1. Josef als Kaiser und Selbstherrscher 5
2. Josef gegen Papst und römische Geistlichkeit, Jesuiten und Mönchsthum 55
3. Josef's Toleranz inbetreff Protestanten und Juden; über Ehe, Kirche, Bildung der Geistlichen und Schule 65
4. Josef's Politik über die Türken und Rußland, über Deutschland und Preußen 88
5. Josef als Feldherr und Soldat 100
6. Josef als Beamter und Arbeiter über seine Beamten . . . 109
7. Josef über Handwerk, Gewerbe und Handel, Presse, Buchhandel und Censur 122
8. Josef als Sohn, Gatte und Bruder 136
9. Josef über die Frauen . . . 141
10. Josef als Vater der Armen . . . 147
11. Josef als Mensch; über Gleichheit, Adel, Privilegien, Leibeigenschaft, Freimaurerei ꝛc. 157
12. Josef's Leutseligkeit, Wohlthätigkeit und Großmuth . 168
13. Josef's Humor und Satire; Anekdoten 182

Quellen-Verzeichniß.

(Die vorgesetzten Abkürzungen sind die Chiffren, wie sie im Buche den einzelnen Stellen beigefügt.)

(Ar.) **v. Arneth**; Maria Theresia's letzte Regierungszeit bis 1780, 2. Band. (Wien 1877.)

   " " Maria Theresia und Josef II. Ihre Korrespondenz (französisch). (Wien 1867.)

   " " Josef II. und Leopold II. Ihr Briefwechsel (französisch). (Wien 1872.)

(Br.) **Briefe Josef's II.**, als charakterist. Beitrag zur Lebensgeschichte. 1. Aufl. 1821, und 3. Auflage zeitgemäß erklärt von Franz Schuselka. (Leipzig, Brockhaus 1846.)

(Bru.) **Brunner** (ein Gegner Josef's): die theologische Dienerschaft am Hofe Josef's II. (Wien 1868) und: Correspondences intimes avec Cobenzl et Kaunitz. (Mainz 1871.)

(Bu.) **Burkhardt**; Josef's II. Lebens- und Regierungsgeschichte.

(Car.) **Caraccioli**; Leben des Kaisers Josef II.

(Co.) **Cornova**; Leben Josef's II. (Prag 1801.)

(Cr.) **Coxe**; Geschichte des Hauses Oesterreich. Band IV. (Leipzig Brockhaus, 1817.)

(Duc.) Anecdotes intéressantes et historiques de l'illustre voyageur pendant son séjour à Paris. Par Chev. Du Coudray. (Leipzig 1777.)

(C. j.) **Codex juris ecclesiastici.** Sämmtliche Verordnungen Kaiser Josef's in Kirchenangelegenheiten ꝛc.

(G.-H.) **Groß-Hoffinger**; Lebens- und Regierungsgeschichte Kaiser Josef's II. (Stuttgart 1837.)

(Hü.)	**Hübner**;	Lebensgeschichte Josef's II. oder Rosen auf dessen Grab. (Salzburg.)
(M.)	**Meynert**;	K. Josef II., ein Beitrag zur Würdigung des Geistes seiner Regierung. (Wien, Seidel und Sohn, 1862.)
(Nbg.)		Josef II. auf seiner Reise nach Paris. Naumburg (777.)
(Pg.)	**Paganel**;	Geschichte Josef's II. Briefwechsel mit General d'Alton. Aus dem Französischen von Köhler. (Leipzig 1844.)
(Pz.)	**Pezzl**;	Charakteristik Josef's II. (Wien 1790 und 1803.)
(Ra.)	**Ranke**;	die deutschen Mächte und der Fürstenbund. Deutsche Geschichte von 1780–90. (Leipzig 1872.)
(Rau.)	**Raumer**;	Beiträge zur neueren Geschichte. Th. IV u. V. (Leipzig 1839.)
(Rsh.)	**Ramshorn**;	Kaiser Josef II. und seine Zeit. (Leipzig 1845.)
(Schn.)	**Schneller**;	Oesterreichs Einfluß auf Deutschland. Bd. II. (Stuttgart 1857.)
(Sch.)	**Schuselka**;	Geheime Anekdoten von einem der größten Monarchen des 18. Jahrh., nach einem (790) von der Censur verworfenen Manuskript. (Anhang zur 5. Aufl. der „Briefe Josef's II.". Leipzig, Brockhaus, 1846.)

Geschichte
der
österreichisch-ungarischen Monarchie

Das ist der Entwicklung des österr. Staatsgebildes von seinen ersten Anfängen bis zu seinem gegenwärtigen Bestande.

Ein Volksbuch, nach den besten Quellen bearbeitet
von
Moritz Smets.

Vollständig in zwei Halbbänden à 3 fl. 60 kr. österr. Währ.
Mit 12 Illustrationen.

Der Verfasser, durch seine früheren geschichtlichen Arbeiten, welche in den geachtetsten Kreisen ehrenvolle Beurtheilungen fanden, der Lesewelt bekannt, bietet in dem vorliegenden Werke, der Frucht sorgfältigster und umfassendster Studien, die Geschichte der Völker, welche das Gebiet der heutigen österreichisch-ungarischen Monarchie bewohnt haben oder bewohnen, soweit die Gemeinsamkeit ihrer Schicksale mit dieser nachweisbar die Schilderung des Werdeprozesses, des Entwicklungsganges der habsburgischen Monarchie und ihres Aufschwunges zu einer europäischen Großmacht, als welche sie eine hervorragende Rolle in der Weltgeschichte gespielt; endlich, der mannigfachen Wandlungen, der wechselvollen Geschicke, welche selbe — unter verschiedenen Regierungs-Systemen! — von dem Tage ihrer Erhebung zu einem Erbkaiserthume bis zu jenem denkwürdigen des Jahres 1867 durchgemacht und erfahren, an welchem sie ein aus zwei gleichberechtigten Reichshälften bestehender dualistischer Staat auf verfassungsmäßiger Grundlage, die „österreichisch-ungarische Monarchie", wurde.

Gemäß der Aufgabe, die sich der Verfasser gestellt, ein volksthümliches, für gebildete Leser aller Stände geeignetes Werk zu liefern, hat er durchwegs dahin getrachtet, durch anschauliche und anziehende Darstellung, durch fließenden Erzählerton zu fesseln, und das Ganze weder in einen zu knappen, noch zu weitschweifigen Rahmen gefaßt; gleichwohl darf er versichern, daß durch solche Zubereitung des Stoffes dem wissenschaftlichen Ernste und gewissenhafter, gründlicher Forschung nicht der mindeste Abbruch geschah.

Das Werk, welches in zwei Halbbänden von je 36 Bogen groß Lexikon-Format zum Preise von à 3 fl. 60 kr. erscheint, ist in fünf Bücher eingetheilt, welche wieder in mehrere Abschnitte zerfallen.

Das erste Buch enthält die: „Vorgeschichte der Länder unserer heutigen Monarchie", mit den Abschnitten: 1. Von der vorrömischen Zeit bis zum Untergange der Römerherrschaft im Jahre 476 unserer Zeitrechnung. 2. Von der Niederlassung verschiedener Völkerschaften bis zum Entstehen nationaler und christlicher Reiche. (476 bis Ende des 10. Jahrhunderts.) — Das zweite Buch enthält die „Geschichte Deutsch-Oesterreichs, Böhmens und Ungarns" (Vom Beginne des 11. Jahrhunderts bis 1526.) — Das dritte Buch enthält die „Geschichte des Ländergebietes der habsburgischen Hausmacht". (1526 bis 1804.) — Das vierte Buch enthält die „Geschichte des österreichischen Kaiserstaates". (1804—1867.) — Das fünfte Buch enthält die „Geschichte der österreichisch-ungarischen Monarchie". (1867—1877.)

www.ingramcontent.com/pod-product-compliance
Lightning Source LLC
Chambersburg PA
CBHW020903230426
43666CB00008B/1291